나는 대한민국 공무원 팀장이다

장보웅

도서출판 대영문화사

시작하기

공무원은 시대와 무관하게 시민들에게 다양한 임무를 수행한다. 국가의 정책을 실행하고, 공공 서비스를 제공하며, 시민들의 요구와 사회 안전을 도모하고, 지역사회 발전을 견인하는 임무다. 이러한 소임을 통해 공무원은 시민들의 삶에 직접적인 영향을 미치며, 민주 사회의 구성원으로서 기능하고 있다. 하지만 공무원들은 종종 시민들로부터 질타도 받아 왔다. 소임이 시민의 기대에 부응하지 못할 때 그렇다. 이러한 비판은 공무원들이 더 나은 서비스를 제공하도록 유도하는 역할도 하였다.

공무원 조직의 최하 단위는 팀이다. 팀에는 팀장이 있다. 팀장이 업무를 잘 처리하고 직원들을 잘 리드하면 시민들의 불만이 줄어들지 않을까? 팀장이 제대로 된 리더십을 갖추면 공직에 대한 질타가 감소하지 않을까? 이 책은 이런 의문에 대한 답의 하나로 쓰게 됐다. 영화 쇼생크 탈출에 "어떤 새들은 새장에 가둬져선 안 된다. 그들의 날개는 너무 빛나니까"라는 대사가 나온다. 2012년 과장 지침서 『대한민국 목민심서』를 만든 후, 마음먹었던 일이다. 참 오래 품어왔던 생각이다. 이제 나의 마음에서 해방시키고자 실행에 옮긴 결과물의 하나다.

공직사회는 계장제와 팀장제 시대로 나뉜다. 가장 큰 변화다. 팀장은 공무원 조직의 주춧돌이다. 공무원 조직에서 팀장의 역량과 역할은 매우 중요하다. 팀장의 위치와 공직사회를 잘 안다면 공감할 것이다. 공직에서 '팀장'은 처음으로 마주하는 직위다. 가장 많은 수의 직책이다. 팀장은 상위 직위로 가는 길의 첫 관문에 해당한다. 삶에 단축키가 없듯이 팀장을 건너뛰고 과장으로 갈 수는 없다.

공무원은 대부분 팀장의 직책에 앉는다. 그런데 베테랑 팀장 소리를 들어가며 팀장 역할을 잘하는 사람도 있다. 반면 바지 팀장, 허수아비 팀장 소리를 뒤통수로 듣고, 술안주도 되고, 욕먹으며 일하는 팀장들도 있다. 준비가 없었던 탓일까? 그렇다고 어디에서 갑자기 리더십이 생기는 것도 아니다. 공부할 참고서도 없다. 이런 사례를 공직 현장에서 너무나도 많이 보고 겪어왔다. 그때마다 느꼈던 자괴감 속에 피어올랐던 생각이 '팀장이 중심을 잡으면 행정의 연속성이 훨씬 더 잘 유지될 텐데' 하는 아쉬움이었다. 그러한 아쉬움에서 이 책을 '공무원 팀장 지침서'로 『나는 대한민국 공무원 팀장이다』라는 이름을 붙여서 만들기로 하였다.

잭 웰치, GE 前 회장은 "리더가 되고 나면, 그 사람의 성공은 사람을 어떻게 키우느냐가 중요하다."라고 하였다. 리더의 성공은 그 사람이 무엇을 하느냐가 아니라 그가 이끄는 팀이 어떤 성과를 내느냐에 달려 있다. 공직 팀장도 마찬가지다. 팀장이 직원들을 리드하고 통솔하는 올곧은 모습으로 존재할 때 공직사회도 바로 선다. 이 책은 이 같은 팀장의 바람직한 상(像)을 고민하고, 그 답을 찾기 위한 노력의 일환으로 만들었다.

이 책의 첫 번째 독자는 팀장들이다. 이 책이 바람직한 팀장으로 효과적인 리더십을 발휘하는 데 좋은 지침서가 되기를 바란다. 팀장들이 리더십을 익혀서 팀을 올바르게 이끌어 갈 수 있는 지혜를 엿볼 수 있을 것이다. 두 번째 독자는 팀의 직원들이다. 직원들이 팀장에게 바라는 바람직한 모습이 바로 올바른 팀장의 역할이기 때문이다. 이 책으로 올곧은 팀장의 길을 익혀 미래에 그 직책을 성공적으로 수행할 수 있는 참고서가 되기를 기대한다. 세 번째 독자는 과장 등 상급자들이다. 리더의 역할은 팀장이든 과장 · 국장이든 다르지 않다. 이 책이 팀장과 직원들을 지도하는 비법서로 활용될 것으로 믿는다. 마지막으로 기초와 광역 자치단체는 물론 교육 · 소방 · 경찰 · 의회 · 공기업 교육기관이다. 이 책이 팀장들의 교육교재로 도움을 줄 것으로 사료된다.

책이 나오기까지 1년이 넘는 시간이 흘렀다. 설문에 도움을 주고 응답해 준 많은 수원시 공무원 동료들에게 감사드린다. 책이 완성될 때까지 응원하고 기도해 준 아내와 훈정, 민정 딸들에게 고마움을 전한다. 검토와 수정에 힘을 보태준 임혜경, 박은순, 송경순 박사와 박종대 후배에게도 감사드린다. 책의 내용과 구성에 도움을 주신 하태수 경기대 교수님, 권혁성 아주대 교수님께도 감사드린다. 졸작임에도 불구하고 추천사를 승낙해 주신 박석무 님, 이재준 님, 하태수 님께도 진심으로 감사드린다. 끝으로 책이 출판에 이르도록 좋은 인연을 맺어준 임형백 성결대 교수와 대영문화사 가족에게도 감사드린다.

좋아하는 문구로 '自强不息'이 있다. 자신을 위해 쉬지 않고 강하게 단련한다는 말이다. 이 책이 모든 공직자에게 참 공무원의 지침이 되어 바른 길을 열어 줄 수 있기를 바란다. 대한민국 공무원의 모든 팀장에게 이 책을 바친다.

2025년 2월

장보웅

공직 리더들의 지침서가 되길

공무원은 국가 행정의 중심축이자 동력이며 뿌리이다. 특히 지방자치단체의 리더인 팀장들은 예산 편성과 정책 집행에서 핵심적인 역할을 하는 주체이므로, 특별한 사명감과 높은 윤리 의식을 가지고 공직에 임해야 한다.

공직사회는 이전보다 많이 개선되었지만, 여전히 부정부패의 요소가 사회 여러 곳에 남아 있다. 공직자와 정치 지도자들의 부패는 우리 사회의 심각한 문제로 남아 있다. 공직자는 국민에 대한 두려움을 가지고 높은 윤리의식을 바탕으로 국가와 국민을 책임지는 자세를 가져야 한다.

공직윤리를 철저히 준수하지 않는다면, 이는 백성에게 심각한 해악을 끼치는 위험한 존재가 될 수 있다. 공직자는 하늘과 백성을 경외하며, 철저한 청렴함으로 무장해 투명하고 올바른 자세를 유지해야 하며 강직한 공직자가 되어야 한다. 이는 다산 정약용이 강조하는 공직 리더의 중요한 책무이다.

다산 정약용은 이상적인 관료의 모델로 여겨지며, 배다리와 거중기의 설계에서 그의 뛰어난 재능을 발휘했다. 그의 저작에서 드러나는 정치관은 민본주의에 뿌리를 두었으며, 그는 왕정 시대에도 주민 자치가 실현되기를 간절히 바랐던 공직 리더였다.

다산의 목민심서는 공직자가 부임할 때 유의해야 할 부임육조로부터 임무를 마칠 때의 해관육조에 이르기까지 격언 같은 내용이 담겨 있다. 다산이 『목민심서』에서 제시하는 리더십은 지위 고하와 관계없이 모든 리더에게 공통으로 적용되는 가르침이다. 고위지도자는 물론이고 현장에서 지도자 역량을 발휘하는 모든 사람에게 리더십의 귀중한 원리를 제공해주고 있다.

이 책은 조선시대 최고 관료이자 실학을 집대성한 다산 정약용의 사상을 통해 팀장 리더십 구현방안을 모색해 보고자 하였다. 그리고 공직생활에서 일어나는 예시와 실제 있었던 갑질 사례를 중심으로 엮었다. 『목민심서』의 내용을 현대어로 그대로 번역한 것이 아니다. 다산이 제시한 『목민심서』의 본질에 잘 들어맞는, 오늘날의 공직사회 팀장 리더들의 사례를 두루 제시하였다. 더욱이 현직 공무원들이 체험하고 경험한 바를 설문을 통해 옮김으로써 현장감을 높였다. 공직 리더라면 반드시 가까이 두고 수시로 읽어야 할 지침서로 여겨진다.

공직자의 부정부패가 끊이지 않는 오늘날, 다산 선생이 강조한 청렴과 봉공 정신은 여전히 중요하다. 이 책을 통해 옛 선인들의 지혜를 되새김으로써 공무원들이 올바른 공직관을 확립하는 데 도움이 된다면, 공직사회와 지방자치단체는 더욱 견고해질 것이다. 이러한 공직 안내서가 오늘날 공무원들의 공직관과 리더십을 정립하고, 학문적인 연구와 또 다른 책으로 이어진다면 그 의미는 더욱 클 것이다.

현직으로 바쁜 중에도 2012년에 이어 다산 관련 책을 지은 저자의 노고를 위로하며 나라와 역사, 국민을 생각하는 공직자라면 다산의 『목민심서』와 함께 반드시 필독하기를 권한다.

2025년 2월

다산연구소 이사장

동장으로 공직을 마무리하는 장보웅을 나는 여전히 정책 '팀장'으로 기억한다. 부시장 시절 기초지자체 첫 시정연구원을 구상할 때, 그와 처음 만났다. 내가 청사진을 그렸다면 건물을 짓는 건 장 팀장의 몫이었다.

기초지자체도 시정연구원을 둘 수 있도록 시행령을 고쳐 내는 것부터 시작해, 시정연구원의 자리를 마련하고 초대 원장님을 찾기까지 수많은 난관을 함께 헤쳐 나갔다. 2013년 연구원이 문을 열었고, 10년 넘게 수원의 발전을 이끌어 왔다. 부시장의 무모한 도전을 팀장이 현실로 빚어냈다고 말하고 싶다.

장보웅 팀장은 팀장이 뭘 해야 하는지 고민하던 사람이었다. 그 시절 그가 만들려고 했던 건 시정연구원이 아니라, 시정연구원을 만들어낼 수 있는 역량을 갖춘 팀이었을 것이다. 정책팀장 일로 바쁜 와중에도 틈틈이 『목민심서』를 읽고, 더 나은 리더가 무엇인지 공부했다. 퇴직을 앞두고서야 자기 경험과 지식을 한 권의 책으로 엮어냈다. 장 팀장이 평생을 공부한 이유는 자기만족이 아닌 후배 공직자를 향한 남다른 애정이었다.

2024년 한해 나는 '지방행정주사', 즉 팀장이 된 89명에게 임용장을 건넸다. 그렇게 수원 한 곳에서만 매년 100명 정도가 팀장이 된다. 그가 몸담았던 정책팀장부터 일선 행정복지센터까지 팀장이라 불리는 사람은 900명이 넘는다. 대부분이 무수한 번민과 고뇌에 빠져 살아간다.

어렵사리 팀장으로 자리 잡는 이들 사이로 포기하는 이도 있으리라. 나는 그들이 조금 더 쉬운 길을 걸었으면 좋겠다. 더 나은 리더로 성장했으면 좋겠다. '공무원 팀장'의 길을 걸어온 선배가 명쾌한 해답을 제시해 주리라.

2025년 2월

수원특례시장

이재준

박사학위 과정에 현직 공무원분들이 입학하면 예외 없이 당부하는 말이 "학위 취득하신 후 공직생활을 마무리하는 책을 한 권 쓰시라"였다. 올해가 대한민국에서 대학교 교수 생활이 22년차인데 아직도 가시지 않는 한 가지 안타까움은 대한민국 행정 현실을 충분히 반영하고 있는 책이 부족하다는 사실이다. 나 역시 단독으로 1권, 공저로 3권의 책을 썼지만 솔직히 우리나라 행정 현실을 얼마나 반영하였을까 하는 의구심을 떨쳐버릴 수 없다. 그러던 차에 장보웅 박사님이 『나는 대한민국 공무원 팀장이다』라는 책을 낸다는 소식을 듣고 매우 기뻤다. 갈증에 시달리며 사막을 헤매다 오아시스를 발견한 것 같은 기분이다. 대한민국 행정 현실에 대한 이해가 제고될 것으로 기대한다.

또한 이 책은 단순히 한국의 행정 현실을 반영한 책이라는 점을 넘어 리더십 이론 관점에서도 가치가 있다. 리더십 하면 으레 한 조직의 장의 입장에서 "자신이 구상하는 비전과 목표를 달성하기 위해 조직구성원들에게 목표를 공유하고, 구체적 임무를 부여하고, 성과를 평가하는 일"을 다룬다. 시중에 발간

되어 있는 책들이 대부분 조직의 장의 입장을 전제하고 있다. 심지어 제목이 "팀장 리더십"이라고 되어 있는 책들조차도 그 내용들은 대체로 조직관리자의 시각을 팀장이라는 중간관리자 수준으로 변용시킨 것이 대부분이다. 그러나, 이 책은 '진짜' '순' '팀장' 리더십에 관한 책이다. 저자 자신이 팀장이란 역할을 오랫동안 수행한 이력으로 인해 팀장이란 직위에서 바라본 리더십 문제들이 많았을 것으로 짐작한다. 그래서 더 더욱 가치가 느껴진다. 가제본을 보니 내용도 탄탄하다. 2장은 리더십 이론을 다루고 있고, 3장은 부하 직원들이 바라본 소망스런 팀장과 비호감 팀장을 다루고 있고, 4장은 팀장들 자신은 바람직한 팀장의 모습을 어떻게 그리고 있는가를 다루고 있고, 5장은 상관인 과장과 부하인 팀장에게 어떻게 대하면 좋을까 하는 문제를 다루고 있다. 팀장 리더십을 책 한 권 분량으로 다룬 책도 많지 않은데, 이렇게 상관・부하 그리고 당사자 세 관점에서 잘근잘근 씹은 책은 이 책이 최초가 아닐까 생각한다.

끝으로 이 책은 중앙정부부처의 팀장이 아니라 기초지방자치단체의 팀장 리더십을 다루었다는 점에서 또 다른 가치가 있다. 행정고객인 지역주민을 일선에서 접촉하는 책임자들이 어떠해야 하는지를 정면으로 다루고 있다. 어려운 이론 중심의 고담준론이 아니라, 우리 주변의 시청, 구청, 주민센터에서 만나는 공무원들이 어떻게 행동해야 주민들이 행복할 수 있을까 하는 문제의식을 본격적으로 다루고 있다.

2016년 1학기에 장보웅 박사님을 처음 만났던 순간이 기억이 난다. 처음부터 성실성이 남달랐던 분이었다. 현직 공무원으로 바쁘셨을 텐데 강의 결석이 거의 없었던 분으로 기억한다. 내가 지도교수였기 때문에 장보웅 박사님이 공직부패와 청탁금지에 관한 박사학위청구 논문을 쓰시던 때도 생생히 기억난다. 설문지 조사와 방대한 통계분석 작업이라는 젊은 친구들도 버거워하는 어려운 일이었음에도 불구하고 쉰 살이 훌쩍 넘은 나이도 아랑곳하지 않고 타인의 도움 하나 받지 않고 뚝심 있게 손수 다 해내셨다. 그런 끈기와 뚝심이 있었기에 이런 책이 탄생할 수 있지 않았을까 생각한다.

그동안 책 쓰시느라 들이셨을 장보웅 박사님의 가늠하기 힘든 수고에 감사한다. 현직 공무원들뿐만 아니라 행정학과 학생들도 한 번씩 읽어볼 것을 추천한다.

2025년 2월

경기대학교 공공인재학부 행정학전공

하태수

일러두기

1. 이 책에서 인용한 목민심서는 (주)창비의 『정선 목민심서』와 학영사의 『목민심서』를 활용하였다.
2. 이 책의 리더십에 대한 내용과 유형은 경기대학교와 아주대학교의 행정대학원 교육 자료를 참고로 작성하였다.
3. 이 책의 갑질 관련 사례들은 경기도의 『공정한 직장문화 조성을 위한 갑질 사례집』과 국무조정실의 『공공 갑질 사례집』을 참고로 하였다. 이와 관련하여 어느 시 · 군이나 특정인을 대상으로 할 의도가 없었음을 알린다.
4. 이 책은 대한민국 공무원이 처음으로 맞이하는 직위이자 리더인 팀장의 바람직한 상(像)을 정립하기 위한 고민과 노력의 일환일 뿐 특정한 개인이나 공직자들을 비난할 목적이 없음을 밝혀둔다.
5. 이 책에서 언급하는 제언은 하나의 의견이므로 꼭 그렇게 해야 한다거나 그것만이 정답이라는 뜻은 아니다.

차례

1장

꼰대 계장에서 리더 팀장으로

01 꼰대 계장에서 리더 팀장으로

계장들은 나이가 많았다. 오늘날의 팀장, 과장들과 비슷했다. 과거의 계장도 지금의 팀장도 공직사회의 책임자이고 지도자라는 것은 매한가지이다. 다소 차이는 있지만 젊은 직원들에게 꼰대 소리를 듣는다는 것 또한 유사하다. 시대가 변했음에도 '꼰대' 소리를 듣는 데는 문제가 있다. 이에 과거의 계장들은 어떻게 공직 생활을 하였고, 왜 꼰대 소리를 들었는지를 돌이켜 보고자 한다.

계장과 팀장이 시대에 따라 어떻게 변화했는지를 언급하며, 여전히 젊은 직원들에게 '꼰대' 소리를 듣는다는 점에서 세대 간의 이해 부족이나 소통의 필요성에 대해 알아보고자 한다. 이런 문제는 단순히 나이와 경력의 차이뿐 아니라, 가치관과 소통 방식의 차이에서도 기인할 수 있다. 공직사회에서도 보다 효과적인 소통과 이해를 위해 세대 간의 대화가 필요하다. 이를 통해 서로의 관점을 이해하고, 더 나은 협업을 이끌어낼 수 있을 것이다.

또한 꼰대 계장으로부터 오늘날의 팀장들이 온고지신(溫故知新)하여 배워야 할 점도 알아보자. 이를 통해 바람직한 팀장 상은 무엇이며, 올바른 리더십은 무엇인지 되새겨보고, 공직사회 리더로서 제 역할을 제시하고자 한다.

1. 공무원 계장은 꼰대였다

1) 계장(係長)이란?

계장(係長)은 '계(係) 단위 공무원 조직을 지휘·관리하는 직책 또는 그 직책을 맡는 사람'을 가리킨다. 계장은 공직사회에서 가장 작은 단위(최하부 단위)의 관리자, 지도자라고 할 수 있다. 오늘날은 생소하게 들릴지 모르지만, 계장(係長)은 과거 중앙부처는 물론 광역자치단체(도·시)와 기초자치단체(시·군·구)에 존치했던 공무원 직위(직책) 중 하나다. 불과 20년 전까지만 하더라도 흔히 불리던 직책 명칭이 시·구의 계장과 읍·면·동의 사무장이었다.

기초자치단체, 즉 지방직 공무원을 중심으로 생각해 본다면, 계장은 6급이 보직을 받는다. 계장의 보직을 받을 때 평균 공직 경력은 20년 이상이 된다. 우리 속담에 십 년이면 강산도 변한다고 했다. 자못 만만치 않은 경력이다.

지방직 계장들은 한 지역에서만 근무한다. 해서 지방직 계장들의 공직 경륜과 지역에 대한 경험의 무게감은 그 이상이었다. 단체장은 임명직으로 보통 1~2년마다 바뀌었고, 지방자치 이전이라서 시 · 도의원들도 없었다. 공직사회는 물론 지역사회의 그 누구라도 계장들은 무시할 수 없는 존재였다. 이러한 현상은 기초자치단체의 규모가 작은 시 · 군일수록 더 심했다.

계장들의 평균 나이는 50대가 주류였다. 그들의 근무 첫인상은 도장만 찍거나, 사인만 하는 직위로 느껴졌다. 당시는 수기 결재만 있었다. 아주 편해 보였고 부러웠다. 필자 또한 언젠가 저 위치에 가면 저렇게 지낼 수 있겠다는 꿈도 꾸었다. 계장 위치는 하위직 직원들이 꿈꾸는 선망의 대상이었다. 그 시기에는 계장으로의 승진도 쉽지 않았고, 직원으로 퇴직하는 직원들도 많았다.

2) 계장(係長)의 근무 실상은?

저자가 공직을 시작한 1980년대 말, 1990년대 지방공무원 계장들의 생활 실상을 잠시 들여다보면 이랬다. 계장들은 출근하면 제일 먼저 하는 일이 삼삼오오 모여 담배를 피우는 것이었다. 이 시기는 담배 예절(?)이 있었던 때이다. 계장들 외에는 사무실에서 담배를 피울 수 없었다. 계장 책상 위에는 항상 깨끗하게 닦은 크리스털 재떨이가 자리하고 있었다. 이들의 담배 좌담은 전날 저녁에 있었던 술자리의 뒷담화가 주된 화제다. 마치 아직 덜 깬 술을 깨기 위한 몸부림처럼 보였다.

좌담회를 마친 계장들은 근무가 시작되는 오전 9시쯤 되면, 집 나왔던 닭들이 때가 되어 집을 찾아가듯 각자의 자리에 앉는다. 그들의 자리는 T자형 책상 배열의 상석이다. 직원들의 눈에는 그 자리의 높이가 조선시대 왕좌처럼 높아 보였다. 자리에 앉은 계장은 때를 맞춰 여직원들이 도자기 잔에 타다 주는 찐한 밀크커피를 마신다. 이 당시는 인스턴트 커피믹스가 없었기에 커피 타는 일은 여직원들의 몫이었다.

커피 맛에 대한 평가가 끝난 계장들은 책상 위에 가득 올려놓은 결재서류에 사인도 하고, 수북이 쌓인 부책에 연신 도장을 찍기 시작한다. 이 시기는 모든 업무가 수기 결재로 이뤄졌다. 계장들의 사인과 도장 찍기가 끝나면 비로소 직원들이 일을 할 수 있었다. 공무원들의 하루 일과 시계가 돌아가기 시작한다는 뜻이다.

결재를 마무리한 계장들은 신문 따라잡기를 시작한다. 그 신문은 직원이 아침 일찍 출근해서 중앙지와 지방지를 구분하여 계장 책상에 가지런히 정리해 놓은 것이다. 때때로 아침부터 시작한 신문과의 씨름은 거의 점심 무렵이 되어서야 끝이 날 때도 있었다. 돌이켜보면, 계장들의 신문과의 싸움은 당연하지 않았나 싶다. 당시에는 인터넷도 없었으며, 핸드폰도 없었다. 정보를 얻을 수 있었던 매체는 오로지 신문뿐이었기 때문이다.

계장들의 일부는 점심 식사 후 오후에 머리까지 올라오는 푹신한 등받이 의자에 기대어 오침(午寢)을 즐기기도 했다. 계장들이 무슨 일을 직접 하는 건 드물었다. 업무는 대부분 계차석(係次席)[1]을 중심으로 진행하고 해결해 가는 편이었다. 따라서 주무계 차석에 대한 예우도 계장에 버금갈 정도로 남달랐다.

공무원의 퇴근 시간은 당시에도 오후 6시였다. 하지만 계장들의 업무가 퇴근 후에도 이어짐이 잦은 것은 지금이나 그때나 마찬가지였다. 특히 계장과 사무장들은 지역의 유지들과 술잔을 기울이며 업무 협조를 구하는 경우가 많았다. 당시에

---

1) 계차석(係次席): 과거 공무원 조직이 계(係) 단위 조직으로 운용되던 때 계장 바로 아래의 직원을 부르는 호칭이었다. 계(係)의 차석(次席)은 본연의 업무에 계의 살림까지 도맡아 했다. 직급은 기초단체는 보통 7급(요즘은 6급 무보직도 많다), 광역은 6급인데 부를 때는 아무개 차관이라고 호칭했다. 차관은 장관 아래 자리인데 차기 6급 주사 승진 대상자라는 함의로 예우 차원에서 불러주었다.

는 시·도의회가 없었으며, 지역의 골치 아픈 민원은 해당 지역 유지들의 도움을 통해 해결하는 일이 비일비재했다. 더욱이 크고 작은 행사 등은 지역 유지들의 참여는 물론 후원과 협조를 많이 필요로 했다.

3) 계장(係長)의 업무 무기는?

계장들은 나름의 일 처리 무기가 있었다. 지역의 공직 생활을 하면서 맺게 된 다양한 인맥이 그 하나이고, 최고의 무기는 20~30년간 공직의 다양한 업무를 통해 얻은 노하우다. 이러한 인맥과 노하우는 그들의 공직 마무리를 책임보험처럼 보장해 주는 것 같았다. 또한 공무원으로서 연금이 주는 안정감과 직책이 가져다주는 명예로 여유로움을 엿볼 수 있었다. 계장들은 인맥과 경험, 경륜이란 최고의 무기를 장착하고, 업무를 수행하면서 동시에 부하 직원들을 적극적으로 지도하고 이끌어 갔다.

계장의 위치는 공무원 조직 내에서 중간관리직에 자리했다. 공무원 조직은 업무의 특성과 성격, 규모에 따라 나뉜다. 그리고 그 규모의 최소 특정 단위가 계(係)이며, 그 단위 업무를 책임지는 자가 계장(係長)이다. 계장의 직책 밑에는 보통 2~10명 정도의 하위직이 있었다. 또한 계장의 상위 직급인 과장(課長)은 보통 3~5명의 계장을 관리했다.

계장의 경력은 부처와 시·도, 시·군·구의 사정에 따라 차이가 있다. 보통 중앙부처와 시·도는 5급이 보직을 받았다. 반면 시·군·구청에서는 6급이 계장을 맡는 경우가 일반적이었다. 중앙부처와 시·도는 5급 고시와 7급 공채 출신들이 대부분이어서 계장 보직을 일찍 맡는 편이다. 하지만 시·군·구의 공무원들은 9급으로 시작해서 시·군별로 차이는 있겠지만, 최소 20년의 경력이 있어야 직책을 맡았다. 여기서 더 올라가면 사무관으로서 시·군·구청 과장, 읍·면·동장이 된다.

계장이 맡는 보직도 천차만별이다. 공무원 조직은 보통은 과(課) 단위로 구분되고, 계(係) 단위로 세분화된다. 계장은 그 단위 업무를 총괄하고 책임지는 위치다. 일반적으로 예산 관리, 인사 관리, 건축 인허가, 공원 관리 등 부서의 크고 작은 업무를 책임졌다. 이를 효율적으로 수행하기 위한 전문성과 책임감 있는 직책이 바로 계장이었다. 공무원 조직은 국민들의 세금으로 운영되기 때문에, 정확하고 투명한 업무 처리가 중요하다.

계장은 업무 처리 측면에서 조직의 해결사 역할을 담당했다. 대부분 20년 넘게 근무를 한 덕분에 모르는 업무가 없을 정도로 만능이며, 새롭게 발생하는 업무도 능수능란하게 처리했다. 계장은 조직의 해결사로서 어떠한 문제도 빠르고 효율적으로 처리해 낸다. 문제가 많고 골치 아픈 민원도 척척 해결하는 역할을 한다. 조직 내에서는 존재 자체로 포스가 철철 넘치기도 했다.

계장은 인적 관리 측면에서 보면, 조직 내에서 '왕형님' 혹은 '왕언니'였다. 계장은 하위 직원들의 역량 강화와 성장을 적극적으로 지원했다. 나아가 인생 선배로서, 상담자로서 조직 내의 협력과 소통을 촉진하는 역할도 담당했다. 공무원 계장은 국가와 국민을 위해 최선을 다하는 공무원의 대표적인 모델이었다.

4) 만년계장(萬年係長)이란?

백년하청(百年河淸)이란 말이 있다. '황하의 물이 맑아지려면 백 년의 시간이 걸린다'는 뜻이다. 어떤 일이 아무리 오랜 시간이 흘러도 불가능할 때를 일컬어 비유적으로 사용한다. 가능하지 않은 일을 기다리는 것은 바보 같은 짓이며, 현실적으로 판단해야 한다는 격언이다.

공무원 조직에 이와 유사한 사자성어가 있다. 바로 만년주사(萬年主事), 만년계장(萬年係長)이다. 본래 주사(主事)는 공무원 6급의 별칭이다. 행정주사, 건축주사 등이 그 예다. 한편, 과거에는 7급 이하(7~9급) 공무원을 모두 주사로 호칭했다. 예컨대 김 주사, 이 주사가 그렇다. 이것은 하위직들도 열심히 일해서 얼른 6급 주사, 계장으로 승진하라는 희망을 주기 위해 불러 준 것이다.

지방공무원은 상위 직급으로 갈수록 자리가 적어지는 피라미드 조직이다. 상위 직급으로 갈수록 승진 기회가 적고 인사 적체가 심하다. 승진하지 못하는 직원들은 자연 한 직급에 오래 머무르게 된다. 이 경우 직원 수가 적은 직렬은 정체가 더 심하다. 이에 따라 계장으로 승진하지 못해 주사로 계속 근무하는 직원을 만년주사, 과장 승진이 어려운 계장을 만년계장으로 호칭했다.

기초자치단체 공무원들은 광역과 달리 발령을 받으면 그 지역을 벗어나지 못하고 근무한다. 이를 '붙박이 공무원'이라고 한다. 1995년 지방자치와 민선 자치단체장 선출 이후 붙박이 공무원이 급증하였다. 원인의 하나는 광역과 기초 간에 있었던 공무원 인사 교류의 단절이었다. 광역과 기초 단체장들 사이의 인사 교류가 여러 가지 상황에 의해 서로의 입맛에 맞지 않았기 때문이다. 다른 하나는 단체장들의 학연, 지연, 혈연에 의한 편향되고 매관매직이 판치는 잘못된 승진 인사에 기인한다.

이런 이유로 발생하는 만년주사, 만년계장은 당사자 개인만의 문제가 아니다. 지방 공직사회는 물론 지역사회의 발전을 저해하는 요인으로 작용하고 있다. 조선시대 세종대왕의 인사정책에 대한 어록이 새삼 상기되는 대목이다.

> "관직이란 내가 마음에 드는 사람을 데려다 앉히는 것이 아니다. 그 임무를 가장 잘 해낼 수 있는 사람을 택해 임명하는 것이다. 그것이 설령 정적이고, 나에게 불경한 신하일지라도 말이다."
>
> (EBS: 세종 2년 3월 16일)

공직사회에서 만년계장은 양가성을 가지고 있었다. 경력을 존중해 줘야 하는 한편, 새로운 아이디어와 역량을 발휘할 수 있는 젊은 인재들의 진입을 막는 존재이기도 했다. 이러한 현상은 공직사회의 저력을 약화시켜 미래지향적 정책과 시스템을 구현하는 데 어려움을 초래하는 결과를 가져왔다. 경력 있는 직원들은 조직에 안정성과 전문성을 제공하지만, 젊은 인재들은 혁신적 사고와 변화를 가져올 수 있는 잠재력을 지니고 있다. 따라서 이러한 양가성을 극복하기 위해서 경력자들과 젊은 인재가 조화롭게 공존할 수 있는 시스템과 문화도 대두되었다.

공직에서 오래 근무한 공무원들은 전문성이 뛰어나다. 인사상 불이익을 주는 것은 개인적 발전이나 지역 발전에 낭비적 요소다. 민선 단체장들의 학연, 지연, 혈연과 매관매직에 매몰된 인사에 전향적인 전환이 요구된다.

2. 공무원 팀장은 리더다

1) 팀장의 명칭 변경 연혁은?

공무원 팀장은 초급 간부이다. 본래 이 직위를 과거에는 계장이라고 불렀다. 먼저, 계장에서 팀장에 이르는 직위의 명칭 변경 과정에 대해 알아보면 다음과 같다.

1963년 12월 새로운 정부가 들어선 후 신정부는 「정부조직법」을 개정하면서 공무원 조직에 계(係)제도를 도입하게 되었다. 공무원 조직에 최초로 도입된 최하위 보조기관이다. 당시의 정부는 중앙집권 중심이었다. 중앙은 물론 지방에 이르기까지 행정의 빠른 추진과 높은 성과를 위한 것이었다. 따라서 수직적 계선제도하에서 사무 처리의 능률 증진과 통제 위주의 행정 목적 실현을 위해 계(係)제도를 도입하였다. 이는 중앙은 물론 광역과 기초지방조직에 해당하는 시 · 군에도 일률적으로 반영되었다.

이러한 계(係) 명칭에 변화가 찾아온 것은 1995년 민선자치단체장 선거를 거치면서부터이다. 일부 시 · 군은 중앙의 일률적인 명칭 적용에서 벗어나 자율적으로 계(係) 명칭을 '담당' 또는 '팀'으로 변경하여 사용하게 되었다. 수원시의 경우에도 1998년 12월에 이르러 계(係) 명칭을 담당이라는 명칭으로 변경하여 사용하였다. IMF(외환위기)를 거치면서 당시 정부에서는 공공부문의 경쟁력 도입과 공공부문 구조조정 시 계(係)제도를 폐지하고 '담당' 또는 '팀'제로 운영하기로 하였다. 그러면서 담당은 보조기관이 아닌 실무자와 검토자의 역할로 조정되었다. 하지만 담당은 도입 후에 몇 가지 문제점을 나타냈다.

첫째, 효율성의 문제다. 명칭의 변경에도 불구하고 조직에 큰 변화를 가져다주지 못하였다. 물론 담당을 도입하면서 사무분장에 의하여 일부 사무의 담당과 함께 사무를 총괄하는 검토자 역할을 수행하도록 하였다. 하지만 실제 적용에 있어서는 여전히 계장(係長)이 하던 역할과 크게 다르지 않았다.

둘째, 담당 명칭 사용상의 문제다. 직급 호칭인 '담당'과 특정 업무를 맡고 있는 '담당자'와의 구별이 모호하다.

셋째, 지역사회와의 연계 및 호완성의 문제다. 대외적으로 연계성이 많은 공무원 조직, 특히 기초나 광역 단위에서는 담당이라는 호칭이 연령 및 경력 기준에 걸맞지 않았다. 특히 민간기업에 비해 상대적으로 낮게 규정하고 있다는 이미지가 많았다. 담당제 명칭은 이렇듯 생명력이 8년에 불과하여 그리 오래가지 않았다.

담당제 명칭의 문제점을 보완하기 위해 등장한 것이 '팀'제라고 할 수 있다. 팀제가 공무원 조직에 본격적으로 도입되기 시작한 것은 2006년부터다. 물론 시 · 군별로 차이가 크다. 이에 대한 내용은 다음 꼭지에서 좀 더 자세히 설명하도록 하겠다.

2) 팀제(팀장) 도입 배경은?

팀제가 공직사회에 처음 도입된 것은 김대중 정부 시절부터이다. 1997년 IMF를 경험하면서 기업은 물론 다양한 조직들이 효율성 제고 방안으로 탈관료화를 추진했다. 탈관료화 조직의 대표적인 사례가 바로 팀제이다. 정부에서는 큰 조직보다 작은 정부를 지향하면서 계장 호칭을 없애고 팀장 호칭을 사용하였다. 다만 현실에서는 팀장보다 계장 호칭이 많이 쓰였다. 생소한 팀장보다는 오랜 기간 친근하고 입에 붙은 계장 호칭이 더 예우해 주는 것 같은 느낌에서다. 여기서도 변화가 더딘 공직사회의 단면을 엿볼 수 있다. 또한 당시는 특수 업무나 한시적인 일부 조직에 제한적으로 팀제라는 명칭을 붙여 운영할 뿐이었다.

따라서 적어도 2004년까지만 해도 대부분의 중앙 및 지방공무원 조직은 계층 구조가 유지되었다. 마치 신분과 계급의 사다리 조직과 같았다. 직급에 따라 직위와 보직이 임명되는 조직인 셈이다. 지방공무원을 예로 들자면 시장은 1급, 부시장은 2 · 3급, 실 · 국장과 구청장은 4급, 과장은 5급, 계장은

6급이 보직에 임명됐다.

이러한 공직사회의 신분과 계급 중심의 조직은 대통령과 정권이 바뀌어도 콘크리트 바닥처럼 공고했다. '직급=직위'라는 등식은 공직은 물론 일반 사회에도 당연한 듯 여겨졌다. 이러한 인식은 오랜 기간 변화 없이 지속됐고 우리 사회를 지배해 왔다.

공무원은 직급 승진이 공직의 목표이자 인생의 전부가 됐다. 승진에 목을 매면 맬수록 업무는 뒷전이었고, 승진을 위한 동아줄 잡기에 바빴다. 이런 승진 제일주의 풍조는 공직에서 '척'하는 공무원만 늘게 만들었다. 여기에 공직사회에 만연한 무사안일주의가 결합하여 국민편의와 봉사행정은 뒷전으로 밀려났다.

직급에 따라 결정되는 보직세도는 업무 성과를 저해하는 요인으로 작용했다. 일을 잘하든 못하든 직급에 해당하는 보직을 줘야 하고 임무를 맡겨야 되기 때문이다. 일의 추진과 효율성이 저하됨은 불을 보듯 뻔했다. 때에 따라서는 있으나 마나 한 허수아비 계장, 마네킹 계장도 생겨났다. 능력도 마인드도 떨어지는 계장들 밑에서 똑똑한 직원들이 피곤한 공직생활을 할 수밖에 없는 것이 현실이었다.

공직사회의 효율성과 경쟁력을 높이기 위해서는 뿌리 깊은 관행과 제도에 대한 혁신이 요구됐다. 신분 서열화 같은 계급 구조는 과감히 제거해야만 했다. 이에 대한 해결책의 하나가 바로 팀제의 도입이었다. 공직사회에서 팀제를 본격적으로 추진한 것은 2005년이다. 오영교 전 행정자치부장관이 취임사에서 공무원 조직의 혁신을 주문하며 팀제 추진을 강하게 제시하였다.

> "정부부처에는 진정한 팀제가 없습니다. 결재 과정을 보면, 사무관에서 장관까지 가는 데 5단계가 걸립니다. 이러한 시스템으로는 격동하는 사회에 신속하고 책임성 있게 대응하기 어렵습니다. 정부조직에도 민간기업과 같은 과감한 조직혁신이 이루어져야 합니다."
>
> (오영교 전 행정자치부장관 취임사 中)

팀제는 같은 업무를 하는 직원들을 하나의 단체로 묶는 조직 형태를 말한다. 주로 경쟁이 치열한 민간기업이 환경 변화에 유연하게 대응하기 위해 만든 조직모델이다. 기업들이 경영 혁신을 위해 도입하는 경영 기법으로 팀장에게는 인사권과 업무결정권 등의 권한과 책임을 부여한다.

팀제는 조직 구성원들이 평등한 입장으로 업무에 임하기 때문에 관료제에 비해 훨씬 더 수평적이다. 조직 구성원들이 효율적으로 협업하고 의사소통하는 것을 장려하며, 개인의 역량을 최대한 발휘할 수 있는 환경을 제공한다. 업무에 대한 처리 단계도 최소화하여 업무 추진의 효율성을 높여 성과를 증대시킬 수 있다.

3) 공무원 팀장이란?

공무원 조직에서 팀장은 처음 맡게 되는 리더의 자리에 위치하는 것이라고 할 수 있다. 이러한 팀장 직책은 기초자치단체는 6급이, 광역과 중앙부처에서는 5급이 맡고 있는 직위다. 공직사회의 팀제 도입은 명칭만 바꾸는 개명이 아니었다. 팀제로의 조직 개편이 무늬만 팀제는 아니었다는 얘기다. 가장 큰 변화는 팀장의 역할로 과거 계장(係長)에게 없었던 업무를 담당하게 한 점이다. 팀장이 팀의 사무 중에서 비중이 높은 업무를 직접 담당하게끔 업무분장에 넣도록 하였다. 그렇다고 팀의 長(리더)으로서의 식무가 줄었거나, 소홀히 할 수도 없었다.

팀장들의 업무 비중과 짊어진 책무가 많이 증가한 셈이다. 팀장은 직원들의 업무, 즉 팀의 모든 업무도 총괄해야 했다. 또한 팀장의 역할에는 과거 계장들이 해왔던 팀의 전반적인 관리와 책임도 소화하도록 제시되었다. 명칭만 팀제의 외형을 갖춘 것은 아니었다. 적어도 팀제 도입 당시는 매너리즘과 타성에 젖고, 무사안일에 안주해 오던 공직사회에 제대로 된 변화였다.

팀장의 역할 변화는 중간관리자에 대한 인식과 정의도 달라지게 했다. 계층 중심의 계(係)에서 일 중심의 팀으로, 사인(결재)만 하는 계장에서 일하는 팀장으로, 꼰대 계장에서 능력을 갖춘 리더 팀장으로의 변신이다. 이러한 변화는 공직사회뿐 아니라 사회 인식의 변화로 이어졌다. 팀제가 중소기업까지 도입되었다. 물론 공공기관과 민간기업의 팀제에는 차이가 있다.

공공기관과 민간기업은 추구하는 가치와 목적이 다르다. 그러므로 그곳의 팀제와 리더로 근무하는 팀장들의 하는 일이 다른 건 당연하다. 하지만 공직 팀장과 민간기업 팀장은 서로 다른 업무에도 불구하고, 팀의 리더로서 맡는 역할과 책임에서 유사한 부분도 있고, 차이를 보이는 점도 있다.

우선, 유사한 면은 둘 다 조직 내에서 중요한 역할을 맡는다는 사실이다. 양쪽의 팀장 모두 리더십과 의사결정 능력, 팀 조직력 등 중요한 역할을 한다고 볼 수 있다. 또한 두 직종의 팀장들은 공히 도덕적인 가치와 윤리적인 책임을 지니고 있어야 한다. 또한 공직 팀장과 민간기업 팀장 모두 성공적인 리더가 되고자 자신의 직무와 책임에 대해 열심히 일한다. 조직 내에서 직원들은 물론 다양한 계층과 협력하고 소통한다.

양쪽 팀장의 가장 큰 차이는, 민간기업 팀장은 회사의 이익과 성장을 위해 노력하는 반면에, 공직 팀장은 국가와 시민의 이익을 위해 봉사한다는 점이다. 특히 공직 팀장은 역할 변화에 따라 자리에 대한 인식도 달라졌다. 팀장 자리는 일을 잘하는 것도 중요하다. 하지만, 조직과 사람 관리를 잘하는 사람이 더 적확하다는 애기다. 팀장의 역할을 잘하는 것과 일을 잘하는 것을 다르게 보는 시각이다.

팀장은 공무원 조직의 허리다. 위로는 과장·국장을 보좌하고 아래로는 직원들과 소통하며 팀 업무를 총괄, 책임진다. 기초자치단체의 팀장은 권한과 역할도 많이 맡는다. 조직의 핵심이라고 할 수 있다. 이렇듯 중요한 팀장으로서 역할이 달라진 만큼 팀장에게는 바람직한 리더십이 요구되고 있다.

따라서 다음 장에서는 리더십과 바람직한 리더십, 공직 팀장에게 맞는 리더십에 대해서 알아보고자 한다.

2장

리더십을 소개합니다

02

리더십을 소개합니다

리더(Leader)란, 협의적으로 어떤 조직의 장(長)을 지칭한다. 먼저, 리더(Leader)의 어원 두 가지에 대해 알아보자.

① 영어 '이끌다'라는 뜻의 동사 Lead에 사람을 뜻하는 접미사 -er가 붙어 만들어진 말. 리더(Leader)는 조직이나 단체를 '이끌어 가는 사람'.
② 영어 '여행하다'라는 의미의 Lead에 사람을 뜻하는 접미사 -er가 붙어 만들어진 말. 여행할 때 필요한 '가이드(Guide)가 리더(Leader)'.

(존 맥스웰, 리더십 전문가)

위의 설명을 살펴보면, 리더(Leader)는 조직의 목표를 결정한 후, 이끌어(추진) 가는 사람이다. 리더는 조직에서 다양한 역할을 하며, 구성원들을 지도하고 조직의 목표 달성을 위한 전략을 수립한다. 따라서 그 어떤 조직에도 리더가 없으면 조직의 효율성과 성과는 저하될 수밖에 없다. 리더는 가이드(Guide)처럼 산행이든, 여행이든, 항해든, 해야 할 일이든 경험과 체험으로 알고 있다. 조직원이나 일을 안전하게 이끌어 목표하는 곳으로 안내해 줄 준비가 되어 있는 사람이다.

공직사회도 조직으로 이루어져 있다. 대개는 단체장 아래 부단체장이 2~3명 있고, 그 아래로 실(室)・국(局)・소(所)－과(課)・센터・단－팀(Team) 순으로 구성된다. 따라서 공무원 조직에도 리더가 필요하며, 이미 존재하고 있다.

공무원 조직은 매우 복잡한 여러 가지 일들을 수행한다. 또한 이 같은 일들을 추진하기 위해 다양한 직렬과 직급의 직원들이 근무한다. 그 직원들은 시・군・구 등 규모와 특성에 따라 다르겠지만 다수라는 건 틀림없다. 이처럼 많은 업무와 직원들을 효율적으로 통솔하고 조정하기 위해서는 리더가 필요하다.

제2장에서는 공무원 조직의 리더, 특히 팀장들의 역할과 중요성을 인식하고, 팀장들에게 필요한 리더 기술(Skill)을 습득할 수 있도록 하였다. 리더십(Leadership)의 정의와 리더십의 다양한 유형도 제시하고자 한다. 그리고 공무원 팀장들에게 필요한 바람직한 리더십에 대한 정보도 준비하였다.

1. 리더십(Leadership)이란?

리더십(Leadership)은 마치 항해하는 선장의 역할과 같다. 선장은 목표를 결정하고 그에 따른 항로를 설정한다. 선장은 오랜 경험으로 항로, 배의 구조, 선원 통솔 등 항해를 위한 준비가 되어 있고, 항해 중에는 큰 파도와 바람, 기상 조건에도 대비가 되어 있는 사람이다.

그러면 리더와 리더십은 차이가 있을까? 있다면 어떤 차이가 있는 것일까? 리더는 조직에서 지도자, 선도자 그 자체이며, 리더십은 조직을 끌어나가고 전략과 방법을 결정한다. 한마디로, 리더(Leader)는 어떤 조직(일)을 이끄는 사람(人)이고, 리더십(Leadership)은 리더가 행하는 행위(行爲)라고 할 수 있

구분	세부 내용
리더 (Leader)	– 사람(人); 지도자, 선도자, 통솔자, 조직을 이끄는 사람 – 조직이나 단체의 대표(영향력), 조직의 활동을 주관하는 사람 ☞ 리더십이 부족해도 리더는 될 수 있다.
리더십 (Leader-ship)	– 행위(行爲); 조직원 활동 조정 행위, 조직을 유도하는 활동 – 조직의 목표 달성을 위해 조직을 유도하고, 조직원의 활동을 지도, 조정하는 영향력을 행사하는 행위.(Blanchard) – 조직의 목표를 달성할 수 있도록 조직원들의 자발적인 참여와 노력을 위해 영향력을 행사하는 행동.(Koontz & O'Donnell) – 조직의 구체적인 목표 달성을 위해 소통과정을 통하여 조직원에게 영향력을 행하는 행동.(Fleishman)

다. 리더는 리더십이 부족해도 누구나 될 수 있다. 하지만 리더십은 누구에게나 있는 것이 아니다.

예시를 들어 좀 더 자세히 설명하면 위의 표와 같다.

리더와 리더십은 유사하지만 분명히 구별되는 점이 있다. 리더는 일반적으로 조직이나 팀의 선두에 서서 그룹을 이끄는 역할을 한다. 그러나 리더십은 더 광범위한 개념이며, 조직 또는 팀 내에서 팀원들이 서로 협력하여 공동의 목표를 달성하도록 이끄는 프로세스이다. 즉, 리더십은 리더가 아니다. 팀원들이 참여토록 하며, 각자의 역할과 책임을 완수하도록 하면서 목표를 달성하는 활동이다.

예컨대, 리더십은 리더가 목표를 정하고, 팀을 이끌며, 예기치 않게 발생하는 상황에 대처하는 것이다. 그래야 그들이 일을 시작한 때 설정했던 목표 지점 도달에 성공한다. 그 성공은 리더만의 몫이 아니다. 선장이 선원들과 힘들고 거친 항해를 이겨내듯 팀장이 팀원들과 함께할 때 가능하다.

따라서 리더십(leadership)은 조직의 비전과 목표 달성을 위하여 물적 자원, 정보, 시간, 위기 대처 등과 인적자원인 소속 직원들을 통솔하는 기술(Skill)과 능력(Ability)을 의미한다. 즉, 리더는 조직의 비전 및 목표를 설정하고, 조직을 관리하고 주어진 임무를 주도적으로 지휘・통솔하는 선도자이다. 또한 조직 구성원들의 역량 개발과 역할을 조화롭게 만들며 일의 성과를 최대한 올린다.

이를 예시를 통해 좀 더 자세히 설명하면 다음과 같다.

1) 직원들에게 목표를 반복해서 상기시키고(비전과 목표), (예 우리가 해야 할 일은 글로벌 인플레 위기 극복이다! 무슨 수를 쓰더라도 기름 값, 집값 잡아라!)
2) 목표를 왜 달성해야 하는지 설득하고(방향성과 설득), (예 글로벌 인플레 상황에서 대응을 잘못하면 경제위기를 맞는다! 반드시 인플레를 잡아야 한다!)
3) 목표 달성을 위한 구체적인 지시를 하고(지휘와 통솔), [예 "A국은 이번에 ○○○를 꼭 달성하라!" 부서 성과지표(KPI), 개인 목표관리(MBO)]
4) 업무 성과에 대해 공정하게 평가한다(목표 달성과 성과).

리더십은 조직을 위한 비전과 목표를 가진다. 그리고 이를 조직원들과 공유하고 달성해 간다. 이는 함께 일하는 조직원들을 미래에 대한 확신과 방향성을 가지고 설득하고 이해시켜, 더 나은 성과를 올릴 수 있도록 하기 위함이다. 또한, 리더는 자신의 결정과 선택에 대한 지시와 함께 성공과 실패에 대한 책임도 떠안는다. 이러한 자세는 리더가 팀의 성과를 높이는 데 큰 역할을 할 수 있다.

문제는 공직사회에 올바른 리더십을 발휘하는 상급자가 적다는 데 있다. 리더십을 발휘, 일의 성과를 높이는 것보다 꼰대로 군림하며 사사로운 이익 챙김에 몰두하는 것이다. 공직사회에 리더십이 부족한 데는 몇 가지 이유가 있다.

첫째, 불필요한 경쟁이다. 공무원의 목표는 승진이고, 승진을 위해서는 성과를 내야 한다. 승진 경쟁 상대, 경쟁 상대 부서의 일에는 협조가 없고 울타리만 높기 때문이다.

둘째, 지방공무원들의 특성인 학연, 지연 문화이다. 지방 공직사회 직원들은 대부분 학교 선·후배거나 지역의 선·후배인 경우가 많다. 선배가 한 말에 반대 의견을 내기도, 후배가 상사일 경우에는 말을 걸기도 어렵다. 나아가 자신의 의견 개진도 꺼리는 경향이 있다. 이러한 문화는 적극적인 리더십과 협업을 방해한다. 결국 리더십을 발휘할 기회를 제한한다.

셋째, 공직사회에 올바른 리더십을 배우고 깨달을 만한 경험과 기회의 부족이다. 꼰대와 보스가 리더의 자리에 앉아서 군림하는 경우가 많다.

공직사회 팀장들에게 리더십이란 자리에 앉으면 자연스럽게 체득되는 것이 아니었다. 이론적으로 습득할 공직 팀장들을 위한 지침서나 교재도 없었다. 팀장 자리에 앉고 난 이후, 시간을 두고 알음알음 깨닫고 터득하는 것이 팀장 리더십의 현주소이다. 이것은 팀장 개인의 문제라기보다 공직사회의 자각과 반성이 필요한 부분이다.

공직사회의 리더십 부재는 여러 가지 문제를 야기한다.

첫째, 조직 내 의사결정이 느리고 비효율적으로 이루어진다.

둘째, 새로운 아이디어와 창의적인 접근이 부족해진다.

셋째, 다양한 관점과 경험을 바탕으로 한 의사소통과 협업이 어려워진다.

이러한 문제들은 공직사회의 발전과 성장을 방해하고, 직원들의 사기와 의욕을 떨어뜨린다. 리더십을 가진 인재들의 필요성이 더욱 강조되는 대목이다. 따라서 소위 '꼰대'라고 불리는 팀장들을 리더십을 갖춘 팀장들로 양성하여 공직사회의 발전을 이루어 나가야 한다.

2. 리더(Leader)와 관리자(Manager)

관리자란 일상에서 일, 시간, 자원 등을 관리하는 사람을 말한다. 기업이나 조직에서 이루어지는 인적자원, 재무, 생산 등의 관리도 여기에 해당한다. 관리를 잘 못하면 시간과 자원의 낭비가 발생하고, 기업이나 조직의 성장이 저하된다. 따라서 관리자는 그 대상이 제대로 이루어지고, 올바르게 행해지고, 바람직하게 수행되고, 현행대로 잘 유지되게 하는 행위나,

그 행위를 하는 사람을 의미한다.

조직에는 관리자와 함께 리더가 필요하다. 관리자와 리더는 조직 내에서의 역할과 책임이 다르다. 스튜어트 크레이너(Stuart Crainer)의 『경영구루들의 살아 있는 아이디어』에서 제시하는 워렌 베니스(Warren Bennis)의 '리더와 관리자의 차이점'을 중심으로 설명하면 다음과 같다.

우선 관리자와 리더는 가치관이 다르다. 관리자는 비전 없이 관리만 하며 현실지향적이고, 리더는 혁신과 비전이 있으며 미래지향적이다. 일 추진 측면에서도 관리자는 모방과 유지에 머물지만, 리더는 창조와 개발을 지향한다. 또 관리자는 정해진 시스템과 구조를 중시하는 반면, 리더는 사람을 중시한다. 시간적 관점도 관리자는 오늘에 초점을 두고 짧은 시각에 관심을 두지만, 리더는 내일에 초점을 두고 긴 전망을 갖는다.

또한 관리자는 '언제', '어떻게'를 생각하지만, 리더는 '무엇', '왜'를 생각하며 일을 한다. 관리자는 통제에 의존하고 수직적 인간관계를 좋아하지만, 리더는 상하 간에 신뢰를 고취하고 수평적 인간관계를 추구한다. 새로운 일이나 리스크에 대해 관리자는 회피하거나 수동적인 데 비해, 리더는 능동적으로 대처한다. 이를 도표화하여 정리하면 다음 표와 같다.

리더(Leader)와 관리자(Manager)는 서로 다른 개념이다. 리

[관리자와 리더의 차이점]

구분	관리자(Manager)	리더(Leader)
근본 가치관	관리, 비전(X), 현실지향	혁신, 비전, 미래지향
일 추진 관점	모방, 유지지향	창조, 개발지향
중시 대상	시스템, 구조를 중시	사람을 중시
시간적 관점	오늘에 초점, 짧은 시각	내일에 초점, 긴 전망
일의 관점	'언제, 어떻게'를 생각	'무엇, 왜'를 생각
인간관계	통제에 의존(수직적)	신뢰를 고취(수평적)
리스크 관리	회피, 지시에 따름(수동적)	직접 대처(능동적)
목표 관리	과업의 적절한 관리	적절한 과업 설정

출처: 워렌 베니스의 '리더와 관리자의 차이점'(p306)을 도표화 구성함.

더는 비전을 제시하고, 동기 부여를 하며, 사람들을 이끌어 가는 역할을 한다. 반면에 관리자는 일을 계획하고 조직하며, 자원을 효율적으로 활용하는 역할을 한다.

리더와 관리자는 유사한 역할을 이행하지만, 그들은 서로 다르다. 관리자는 일상적인 작업과 업무를 처리하고 일관성 있게 수행하는 것에 중점을 둔다. 그러나 리더는 조직을 이끄는 역할을 하며, 비전과 방향성을 제시하고 창의적 문제 해결 방법을 찾아내는 능력이 필요하다. 그들은 새로운 아이디어를 도입하고 변화를 주도한다.

좋은 조직을 만들기 위해서는 두 역할이 모두 필요하지만, 둘 사이에는 차이가 있다. 따라서 각자 역할을 분명히 하는 것이 중요하다. 리더와 관리자가 함께 일하면 조직은 더욱 발전할 수 있고, 성공적인 결과를 도출해 낼 수 있다. 그리고 무엇보다 조직에는 훌륭한 리더가 필요하다.

리더는 관리에 더하여 '창의적 지휘 능력'이 있는 사람이다. 관리는 누구나 할 수 있지만 리더는 아무나 할 수 없다. 리더로 가는 길이 매우 어렵고, 그만큼 책임도 크기 때문이다. 관리자는 과거 계장 시절로 보내버리고 팀장들은 리더로 살자. 공직사회의 팀장들이 리더로 거듭나기를 기대한다.

3. 리더(Leader)와 코칭(coaching)

코칭(Coaching)이란, 개인이나 팀이 자신의 잠재력을 최대한 발휘할 수 있도록 돕는 훈련 과정이다. 코치는 질문을 통해 클라이언트가 스스로 해결책을 찾도록 적극 유도한다.

코칭에 대해 좀 더 설명하면, 코치와 코칭을 받는 사람이 일대일로 진행하는 개인화된 훈련 기법이다. 리더십 역량을 개발해야 하는 사람을 선배, 전문가, 상사 등이 직·간접적 방법으로 지도해 주는 것을 말한다. 상호 밀접한 스킨십을 가지고 대상의 강점과 약점을 총괄적으로 평가하고, 포괄적으로 조언하고 지도하는 방법이다.

1) 코칭의 주요 역할

코칭의 주요 역할은 클라이언트가 자신의 잠재력을 최대한 발휘할 수 있도록 지원하는 것이라고 할 수 있다. 여기에는 '목표 설정', '자기 인식 증진', '행동 계획 수립' 등을 들 수 있다.

첫째, 목표 설정이다. 클라이언트가 달성하고자 하는 목표를 명확히 하도록 도와주는 것이다.

둘째, 자기 인식 증진이다. 클라이언트가 자신의 강점과 약점을 인식하도록 도와주는 것이다.

셋째, 행동 계획 수립이다. 클라이언트가 목표 달성을 위한 구체적인 행동 계획을 세우도록 지원하는 것이다.

2) 리더십과 코칭의 차이점

리더십과 코칭은 서로 밀접하게 관련되어 있지만, 그 목적과 접근 방식에서 차이가 있다. 대체적으로 세 가지 측면에서 차이점을 엿볼 수 있다.

첫째, 접근 방식의 차이점이다. 리더는 주로 방향성을 제시하고 팀을 이끌어가는 역할을 하며, 코치는 개인의 성장을 지원하는 역할을 한다.

둘째, 관계의 성격의 차이점이다. 리더는 권위적인 관계가 될 수 있지만, 코치는 대등한 관계에서 진행된다.

셋째, 목표의 초점의 차이점이다. 리더는 조직의 목표 달성에 중점을 두고, 코치는 개인의 성장과 발전에 중점을 둔다.

3) 리더십과 코칭의 중요성

리더십과 코칭은 조직과 개인의 성장에 있어서 중요한 요소다. 그 중요성을 몇 가지 측면에서 살펴보면 다음과 같다.

첫째, 조직의 성과 향상 측면이다. 효과적인 리더십과 코칭은 조직의 성과를 높이고, 팀의 협업을 촉진한다.

둘째, 개인의 성장 측면이다. 코칭은 개인의 잠재력을 개발하고, 자기 인식을 높이며, 목표 달성을 위한 구체적인 계획을 세우는 데 도움을 준다.

셋째, 조직 문화 개선의 측면이다. 리더십과 코칭은 긍정적인 조직 문화를 형성하고, 직원의 만족도를 높이는 데 기여한다.

리더와 코칭은 각각의 역할과 중요성이 다르지만, 함께 활용될 때 조직과 개인의 성장을 극대화할 수 있다. 리더는 팀을 이끌고, 코치는 개인의 잠재력을 개발하는 데 중점을 두어야 한다. 이러한 조화로운 접근은 성공적인 조직을 만드는 데 필수적이다.

리더와 유사한 의미로 사용하는 매니저(Manager)는 통제나 지도에 중점을 두는 데 반해, 리더십은 코칭(Coaching)을 사용한다고 할 수 있겠다. 코칭의 방법과 과정을 좀 더 자세히 설명하면 다음과 같다.

① 추종자들에게 질문을 던지는 한편 직원들의 의견을 적극적으로 경청하고, 자기 향상을 도모하는 직원들에게 도움을 주고, 업무에 대한 만족도를 높여주는 과정이다.
② 직원들이 '스스로 깨우쳐서' 업무를 수행하게 하고, 그 성과에 대해 제대로 보상받을 수 있도록 돕는 의사소통 수단이다.
③ 지침보다는 '질문'과 '논의'를 통해, 통제보다는 '경청'과 '지원'을 통해 상황을 발전시키고 좋은 결과를 이끌어 낸다.
④ 코칭의 기본은 서로가 '자유롭게' 논의할 수 있고 제안할 수 있는 환경이다. 억압적이고, 경직적인 조직 분위기는 코칭을 불가능하게 한다.
⑤ 부하들의 실수도 용인할 수 있는 '개방적인' 환경을 조성해야 한다.
⑥ 현대처럼 창조와 감성이 중시되는 시대에는 부하의 마음을 읽고 능력을 이끌어 낼 수 있는 코치의 역할이 요구된다.

⑦ 절대로 부하직원들의 '창조성'과 '통찰력'을 간과하거나 과소평가하면 안 된다.

⑧ 생각을 발전시키는 방향으로 논의를 지속적으로 몰고 가야 한다.

⑨ 코칭 모임은 30~45분이 좋다.

4. 공무원 리더십(Leadership)의 역할?

공직사회도 하나의 조직이다. 따라서 공무원에게 있어서 리더십은 매우 중요한 요소이다. 다양한 성격과 연령대가 존재하는 공무원 사회에서 효과적인 리더십은 조직의 목표 달성을 가능하게 한다. 또한 팀원 간의 협력을 촉진하며, 변화에 잘 대응할 수 있는 환경을 조성하는 데 기여한다. 공무원 조직의 리더들에게 리더십이 매우 중요한 이유다. 따라서 공무원 조직의 리더들에게 필수 요소인 리더십의 필요성과 역할은 다음과 같이 설명할 수 있다.

우선, 팀 조직 내의 비전 제시이다. 공무원 리더는 조직의 목표와 비전을 명확히 제시하여 구성원들이 그 방향으로 나아갈 수 있도록 지도해야 한다. 이를 통해 공공서비스의 질을 높이는 데 기여할 수 있다.

둘째, 조직 구성원의 팀워크 증진이다. 리더인 팀장은 팀원 간의 협력을 촉진하고, 서로의 의견을 존중하며, 효과적인 소통을 통해 팀워크를 강화해야 한다. 이는 공무원의 업무 수행에 있어 필수적이라고 할 수 있다.

셋째, 조직인 팀의 변화와 관리이다. 공공부문은 종종 정책 변화나 사회적 요구에 의해 영향을 받는다. 팀장인 리더는 이러한 변화를 효과적으로 관리하고, 구성원들이 적응할 수 있도록 지원하는 역할을 해야 한다.

넷째, 팀의 구성원들에 대한 동기 부여다. 팀장인 리더는 팀원들에게 목표 달성을 위한 동기를 부여하고, 긍정적인 근무 환경을 조성함으로써 직원들의 사기를 높이는 데 기여해야 한다.

다섯째, 조직(팀) 및 업무상 발생하는 문제 해결이다. 팀장인 리더는 문제가 발생하면 이를 신속하게 인식하고, 적절한 해결책을 모색하여 조직의 효율성을 유지하는 역할을 해야 한다.

여섯째, 조직(팀)의 윤리적 기준의 유지이다. 공무원 리더인 팀장은 윤리적 기준을 준수하고, 투명성을 유지함으로써 공공의 신뢰를 확보하는 데 중요한 역할을 해야 한다. 이러한 리더십은 공무원이 효과적으로 역할을 수행하고, 공공기관의 목표를 달성하는 데 필수적이다.

5. 리더십(Leadership)의 유형

리더십의 유형은 다양하지만, 여기에서는 거래적 리더십, 카리스마적 리더십, 변혁적 리더십, 섬김 리더십, 권위적 리더십, 윤리적 리더십을 설명하겠다. 또한 공무원 팀장에게 필요하다고 여겨지는 꼰대 리더십과 소통 리더십을 추가로 제시하고자 한다. 각각의 리더십은 다른 방식으로 조직을 이끌고, 성과도 다르다. 또한 구성원들의 만족도도 달라진다.

직원 중에는 명령적 리더십을 선호하는 사람도, 민주적 접근 방식을 선호하는 사람도 있다. 성향에 따라 변화를 주도하는 리더십을 선호하기도, 안정적이고 예측이 가능한 리더십을 선호하기도 한다. 어떤 유형의 리더십이 적합한지는 상황에 따라 다르다. 따라서 팀의 목표를 달성할 수 있고, 필요한 상황에 맞게 적절한 리더십을 발휘해야 한다.

공직 팀장에게는 어떤 유형의 리더십이 가장 바람직하고 효과적일까? 정해진 답은 없다. 팀장이 자신의 특성과 팀의 상황을 고려하여 적절한 유형을 선택해야 한다. 하나의 리더십 유형만을 고집할 필요도 없다. 『논어(論語)』의 「위정편(爲政篇)」에 '군자불기(君子不器)'라는 말이 나온다. "군자는 그릇 같은 존재가 아니다."라고 직역한다. 알기 쉽게 풀이하면, 군자는 일정한 용도로 쓰이는 그릇과 같은 것이 아니라는 의미로, 군자(君子)는 한 가지 재능에만 얽매이지 않고 두루 살피고 원만해야 한다는 것이다. 팀장이라는 직책, 자리도 다르지 않다고 생각한다. 군자불기(君子不器)라는 말처럼 변화하는 리더십의 모습이 필요하다. 직원들의 성향도, 주어지는 업무도, 발생하는 민원 상황도 다양하다. 리더십 유형을 적용하는 데 있어 주어진 업무와 상황에 따라 유연한 접근을 취할 것을 권장한다.

1) 거래적 리더십(Transactional Leadership)

(1) 개념 정의

전통적 리더십 중 비교적 최근에 대두된 개념이다. 직원의 성과와 조직의 보상을 상호 교환하는 리더십이다. 성과에 대한 적절한 보상의 약속과 이행, 리더의 요구에 직원이 순응하는 결과를 가져오는 교환 과정이다. 그러나 직원들이 과업 목표에 대해 열의가 있거나 몰입하는 것은 아니다. '보상'을 바라고 열심히 일하는 것이지, 자발적으로 자기 몰입 상태에 들어가는 것은 아니다.

거래적 리더십은 조직 내에서 상호작용하는 모든 구성원 간의 관계에서 생기는 문제를 해결하고, 상호 협력적 관계를 유지하기 위한 지도력이다. 이러한 리더십은 자신이 속한 조직의 목표를 달성하기 위해 다른 구성원들과의 거래를 최적화하고, 불필요한 갈등을 방지한다.

거래적 리더십은 거래적 차원에서 리더가 구성원에게 영향을 미치는 과정(Northouse, 1985), 리더 특성, 성격이 아닌 리더와 구성원 간에 일어나는 거래적 사건(transactional event)을 중요한 요인으로 본다.

일단 리더가 되고 나면, 리더의 성공은 다른 사람을 어떻게 키우는지에 좌우된다. 리더의 성공은 그 사람이 무엇을 하느냐가 아니라 그가 이끄는 팀이 어떤 성과를 내느냐에 달려 있다.

(잭 웰치, GE 前 회장)

(2) 거래적 리더십의 특징

전통적 리더십이자 가장 기초적인 리더십에 해당하는 거래적 리더십은 조직 내의 '경쟁적인 상황'에서 효과적인 리더십 스타일이다. 이는 리더가 다른 조직 구성원들과의 거래를 통해 조직의 목표를 달성하고자 하는 것을 의미한다. 거래적 리더십의 특징은 다음과 같이 설명할 수 있다.

우선, 보상과 처벌이다. 거래적 리더십의 리더는 구성원의 성과에 따라 보상이나 처벌을 통해 동기를 부여한다. 목표 달성 시 보상이 주어지고, 미달성 시에는 부정적인 결과가 따른다.

다음은 구조와 규칙이다. 거래적 리더십의 리더는 명확한 목표와 규칙을 설정하여 구성원이 무엇을 해야 하는지 분명히 한다. 이는 업무의 효율성을 높이는 데 기여한다.

그리고 거래적 리더십은 상호작용을 제한한다. 거래적 리더십에서 리더와 구성원 간의 관계는 주로 업무중심적이며, 개인적인 관계보다는 성과에 초점을 맞춘다.

마지막으로 거래적 리더십은 단기 목표 중심이다. 주로 단기적인 목표 달성에 중점을 두며, 즉각적인 성과를 추구한다.

거래적 리더십은 타협을 통해 상황을 조율하고, 이해관계자 간의 이해관계를 조율한다. 이러한 특성은 조직 내에서 협력과 상호의존성을 촉진하고, 조직의 성과를 더욱 좋게 만든다. 거래적 리더십은 안정적인 환경에서 효과적일 수 있지만, 변화가 잦은 상황에서는 한계가 있을 수 있다.

(3) 거래적 리더십의 효과

거래적 리더십의 효과는 조직 내에서 지속적인 성과를 이루는 데 있어서 중요한 역할을 한다. 리더는 자신의 목표를 달성하기 위해 다른 사람들과 협력하고, 상호작용하며, 문제를 해결하기 위해 노력한다. 이러한 리더십은 조직의 목표와 비전에 대한 이해를 높이고, 직원들의 참여와 열의를 촉진하여 조직의 성과를 발전시킨다.

또한, 거래적 리더십은 직원들의 동기 부여와 성과 개선을 위한 피드백을 제공하며, 직원들의 역량을 높이는 데도 큰 역할을 한다. 이러한 이유로, 거래적 리더십은 조직 내에서 지속적인 성과를 이루기 위한 필수적인 요소 중 하나이다.

2) 카리스마적 리더십(Charisma Leadership)

(1) 베버(Weber)의 개념 정의

베버는 '카리스마는 사람에게 초인적(超人的) 혹은 비범한 힘이 부여된 특별한 성격적 특성'으로 정의하고 있다. 카리스마는 그리스어(charisma)에서 유래하였다. 카리스마는 보통 사람들이 갖지 못하는 천부적인 어떤 능력이나 힘, 사람의 마음을 끄는 개인적인 독특한 힘으로 여겨진다.

조직에서 카리스마를 가진 사람은 결국 리더로서 대우 받게 된다는 것이다. 카리스마적 리더는 일종의 사명감과 소명의식을 느끼기 때문에 카리스마적 권한은 과거의 전통을 타피하는 혁명적인 힘을 갖고 있는 것으로 이해되고 있다.

카리스마적 리더십은 리더가 강한 개인적 매력과 카리스마를 바탕으로 구성원들에게 영향을 미치는 리더십 스타일을 의미한다. 이러한 리더는 비전과 목표를 명확하게 제시하고, 구성원들에게 영감을 주며, 그들의 열정과 헌신을 유도한다.

(2) 카리스마적 리더십의 특징

카리스마적 리더십은 리더가 자신의 매력과 개인적인 특

성을 통해 구성원들에게 강한 영향력을 미치는 스타일의 리더십이다. 카리스마적 리더십의 주요 특징은 다음과 같이 설명할 수 있다.

첫째, 조직의 비전 제시이다. 리더는 명확하고 매력적인 비전을 통해 구성원들에게 방향성을 제공한다.

둘째, 구성원 간 감정적 연결이다. 리더는 구성원과 깊은 감정적 유대감을 형성하여 신뢰를 구축한다.

셋째, 리더의 모범 행동이다. 리더는 자신의 행동을 통해 구성원들에게 긍정적인 영향을 미치며, 기대하는 행동을 스스로 실천한다.

넷째, 구성원에 대한 동기 부여이다. 리더는 구성원들이 자발적으로 목표를 달성하도록 자극하고 격려한다.

이러한 특징적인 요소들이 결합되어, 카리스마적 리더십은 조직의 성과와 구성원의 만족도를 높이는 데 중요한 역할을 한다.

(3) 카리스마적 리더십의 효과

전통적 리더십인 카리스마적 리더십은 조직에 여러 가지 긍정적인 영향을 미친다. 카리스마적 리더십이 조직과 구성원에 미치는 주요 효과는 다음과 같다.

우선, 조직 구성원에 대한 동기 부여를 한다. 카리스마 있는 리더는 강력한 비전과 열정을 통해 구성원들에게 동기 부여를 한다. 이로 인해 직원들은 더 높은 성과를 내고 목표를 달성하기 위해 노력하게 된다.

둘째, 조직 구성원 상호 간 신뢰를 구축하게 된다. 카리스마적 리더는 자신의 신념과 가치관을 명확히 전달하며, 이를 통해 구성원들 간의 신뢰를 형성한다. 신뢰는 팀워크와 협업을 촉진한다.

셋째, 조직 문화를 강화시킨다. 카리스마적 리더는 긍정적인 조직 문화를 조성하는 데 기여한다. 그들의 열정과 비전은 조직의 목표와 일치하며, 이를 통해 구성원들이 자부심을 느끼게 된다.

넷째, 조직의 변화와 관리이다. 카리스마적 리더십은 조직의 변화와 혁신을 이끌어내는 데 효과적이다. 카리스마적 리더는 변화의 필요성을 강조하고, 구성원들이 변화에 적응하도록 도와준다.

다섯째, 상황 대응 능력의 향상이다. 카리스마적 리더는 위기 상황에서도 침착하게 대처하며, 구성원들에게 안정감을 제공한다. 이러한 리더십은 조직의 유연성과 회복력을 높인다.

이러한 카리스마적 리더십의 효과들은 조직의 성과와 구성원의 만족도를 높이는 데 기여할 수 있다. 하지만 카리스마적 리더십이 항상 긍정적인 결과를 가져오는 것은 아니다. 지나치게 리더를 의존하거나 리더 개인의 성향에 따라 부정적인 영향을 미칠 수 있다는 점도 고려해야 한다. 따라서 균형 잡힌 리더십이 중요하다.

3) 변혁적 리더십(Transformational Leadership)

(1) 번스(Burns, 1978)의 개념 정의

변혁적 리더십은 리더와 부하들이 좀 더 높은 수준의 도덕성과 동기 수준으로 서로를 이끌어가는 형태이다. 기존의 정체성을 유지하면서도 혁신적인 변화를 이끄는 리더십이다. 이는 단순히 기존의 방식을 따르는 것이 아니라 새로운 아이디어와 접근 방식을 찾아내어 조직의 발전을 이루어 낸다.

변혁적 리더십은 과거의 경험과 지식을 적극적으로 적용하여 실패를 두려워하지 않고 도전하는 리더가 가져야 할 필수적인 역량 중 하나이다. 이러한 리더십은 미래지향적이며, 조직이 경쟁력을 유지하고 성장할 수 있도록 돕는 역할을 한다.

(2) 변혁적 리더십의 특징

변혁적 리더십은 감정(emotions), 가치(values), 상징적인 행태(symbolic behavior) 등을 중시한다. 어떠한 상황이나 사건을 구성원의 시각에서 의미 있게 만드는 리더의 역할을 강조한다. 리더는 구성원들로 하여금 자기희생을 하게 만들고, 이념적 목표에 몰입하게 만들며, 기대 이상의 성과를 올리게 만든다.

변혁적 리더는 상황에 따라 유연하게 대처하며, 실패를 두려워하지 않고 새로운 아이디어를 추구한다. 또한, 변화를 이끌어가는 과정에서 구성원들의 참여를 촉진하고, 그들의 역량을 끌어올리는 능력을 갖추고 있다. 이러한 특징들은 조직이나 사회 전반의 발전을 이끌어가는 데 매우 중요하다.

(3) 변혁적 리더십의 효과

변혁적 리더십은 직원들에게 자긍심을 심어준다. 직원들의 참여와 자율성을 존중하며, 새로운 아이디어와 시도를 장려하고 적극적으로 수용한다. 또한 리더가 직원을 존중한다는 것을 보여준다. 이러한 리더십 스타일은 조직 내부의 혁신과 개선을 끌어내고, 직원들이 열정과 능력을 최대한 발휘할 수 있도록 도와준다.

또한 직원들이 창조적인 사고를 할 수 있는 여건을 마련해 주고, 직원에게 영감을 제공하여 기대 이상의 성과를 끌어낸다. 변혁적 리더십을 통해 조직은 새로운 도전과 기회를 만들며, 지속적인 성장과 발전을 이룰 수 있다.

4) 섬김 리더십(Servant Leadership)

(1) 그린리프(Greenleaf, 1977)의 개념 정의

섬김 리더십, 서번트 리더십은 그린리프가 처음 제시하였다(Greenleaf, 1977). 리더가 타인에 대한 봉사와 보살핌에 초점을 두고, 그들(예 타인=팔로워, 구성원, 종업원, 고객, 커뮤니티 등)의 필요를 충족시키기 위해 헌신하는 리더십이다.

섬김 리더십은 리더가 자신의 지위와 권력을 이용하여 직원을 지배하는 것이 아니다. 직원들의 필요와 관심사를 고려하고 그들을 지원하는 방식으로 조직을 이끌어 간다. 자신의 이익보다 다른 사람 이익을 우선하며, 그들을 위해 노력하는 리더십이다. 이는 단순한 자선활동이 아니라, 조직 내에서 일하는 모든 사람의 성장과 발전을 위해 노력하는 것이다.

섬김 리더십을 실천하는 리더는 자신의 힘과 능력을 다른 사람들과 나누며, 팀의 목표 달성을 위해 함께 노력한다. 이러한 리더십은 조직 내에서 긍정적인 분위기를 조성하며, 팀원들의 믿음과 신뢰를 얻을 수 있는 중요한 요소이다.

(2) 섬김 리더십의 특징

섬김 리더십의 특징은 끊임없이 변화하는 환경에서 조직 내 인간의 잠재력을 최대한 발휘시키기 위해, 리더가 본인의 이해관계를 바탕으로 선제적으로 봉사하고 지원하는 것이다.

이는 조직 내 모든 구성원이 서로를 존중하고 협력하며, 함께 성장하면서 목표를 달성해 나가는 것을 가능하게 한다. 서번트 리더십은 단순히 지시하고 통제하는 전통적인 리더십과는 다르다. 인간 중심의 접근 방식으로 조직 내 리더와 구성원들의 관계를 혁신적으로 바꿔나가는 것이다.

(3) 섬김 리더십의 효과

섬김 리더십은 팀원들에게 존중과 신뢰받는 리더로 자리하는 데 도움을 준다. 섬김 리더십은 팀원들의 참여와 협력을 촉진하며, 업무 성과와 생산성을 높여준다. 또한, 팀원들의 성장과 발전을 돕고, 조직 내에서 긍정적인 분위기를 조성한다.

서번트 리더십은 조직 내의 갈등과 스트레스를 줄이고, 직원들의 참여도와 동기 부여를 높이는 데에 효과적이다. 또한, 서번트 리더십은 조직 내의 신뢰와 존경을 증대시키고, 지속적인 성과와 성공을 이루는 데에 도움을 준다. 따라서, 서번트 리더십은 현대 조직에서 중요한 요소 중 하나이며, 조직의 성공과 발전을 위해 적극적으로 적용되어야 한다.

5) 권위적 리더십(Authoritarian Leadership)

(1) 개념 정의

가장 전통적인 리더십 유형의 하나라고 할 수 있다. 권위적 리더가 조직의 모든 의사나 정책을 독재적으로 결정하고 구성원들은 일방적으로 따라오게 하는 리더십 유형이다. 권위적 리더십은 리더가 명확한 지시와 통제를 통해 팀이나 조직을 이끄는 리더십 스타일이다. 권위적 리더십의 리더는 결정권을 독점하고, 구성원들에게 명령을 내리며, 규칙과 절차를 엄격히 따르게 한다. 권위적 리더는 공식적인 직위의 권력에 의존하고 주어진 과업의 수행에 높은 가치를 두는 반면 구성원의 욕구나 관계는 무시한다. 구성원들은 자발적인 행동을 보이지 않고, 작업의 양에 비해 질이 낮으며 의견 교환이 적어 공동체 의식이 약해진다.

권위적 리더십은 빠른 의사결정이 필요한 상황에서는 효과적일 수 있지만, 팀원들의 자율성과 창의성을 제한할 수 있는 단점도 존재한다.

(2) 권위적 리더십의 특징

권위적 리더십은 가장 고전적 리더십이라고 할 수 있다. 권위적 리더십은 지위와 권력에 의존하고 주어진 업무 수행에 대한 기준과 가치를 높게 둔다. 반면에 구성원들의 욕구나 의사, 상호간 관계는 무시하는 특성이 있다. 이러한 리더십은 권위적인 전통사회에서는 효율적일 수 있지만 민주적인 현대사회에서는 적용하기 쉽지 않다. 주요 특징은 다음과 같이 설명할 수 있다.

먼저, 결정권 집중이다. 권위적 리더십은 리더가 모든 주요 결정을 내리며, 팀원들은 지시를 따르는 형태이다.

다음으로 명령과 통제를 들 수 있다. 권위적 리더십은 리더가 명확한 지시를 내리고, 팀원들은 그에 따라 행동해야 한다.

세 번째는 조직 구조의 명확성이다. 권위적 리더십에서는 역할과 책임이 분명히 나뉘어 있어, 상하 관계가 뚜렷하다.

이어서 의사소통의 일방향성이다. 권위적 리더십은 주로 리더가 정보를 전달하고, 팀원들은 피드백이나 의견을 제시하기 어려운 환경이다.

마지막으로 높은 규율이다. 권위적 리더십은 규칙과 절차를 엄격히 준수해야 하며, 이를 어길 경우 처벌이 따를 수 있다.

이런 리더십 스타일은 특정 상황에서 효과적일 수 있지만, 창의성과 자율성이 필요한 환경에서는 한계가 있을 수 있다.

(3) 권위적 리더십의 효과

고전적 리더십에 해당하는 권위적 리더십은 강력한 지시와 통제를 통해 팀을 이끄는 유형이다. 권위적 리더십은 폐쇄적이고 권위적인 전통사회와 같은 특정 상황에서는 효과적일 수 있다. 다음은 권위적 리더십의 효과와 성과에 대한 몇 가지 포인트이다.

먼저, 신속한 의사결정이다. 권위적 리더십은 독재, 독단적인 의사결정을 하기 때문에 그 어느 리더십의 유형보다 신속한 의사결정을 할 수 있다. 따라서 권위적 리더는 신속하게 결정을 내릴 수 있어 위기 상황에서 빠른 대응이 가능하다.

다음으로 명확한 방향성의 제공이다. 권위적 리더십에서 리더는 팀원들에게 명확한 목표와 방향을 제시하여 혼란을 줄이고 집중력을 높여주는 효과를 거둘 수 있다.

이어서 일관성 있는 규율 유지다. 권위적 리더십은 규율을 유지하는 데 효과적이다. 이를 통해 권위적 리더는 팀원들이 일관된 행동을 취하도록 유도할 수 있다.

마지막으로 단기적 성과를 높일 수 있다. 권위적 리더십은 특정 프로젝트나 과제가 단기적으로 성과를 내야 할 때 유리할 수 있다.

그러나 권위적 리더십은 장기적으로 팀원들의 창의성이나 자율성을 저해할 수 있다. 또한 이러한 리더십은 팀의 동기 부여와 만족도에 부정적인 영향을 미칠 수 있다. 따라서 상황에 따라 적절한 리더십 스타일을 선택하는 것이 중요하다.

6) 윤리적 리더십(Ethical Leadership)

(1) 개념 정의

윤리적 리더십이란 개인적 행동이나 대인관계에서 규범적

인 행동을 보이고, 양방향 의사소통을 강화하고, 의사결정을 통해 부하들에게 그러한 행동을 촉진하는 것이다. 조직 내에서 직속 상사가 윤리적 행동을 강조하고, 관리하는 리더십이다. 조직의 수장은 윤리적 행동에 모범을 보이며 상호 의사소통을 통해 모든 결정을 한다(류정란 외, 2012).

윤리적 리더십은 조직 내에서 윤리적 행동을 촉진하고 지속 가능한 성장을 위한 토대를 마련하는 것이다. 조직 내부의 모든 구성원에게 영향을 미치며, 조직의 평판과 성과에도 직접적인 영향을 미친다. 리더는 적극적으로 윤리적인 가치와 원칙을 존중하며 조직의 목표를 달성하는 방법을 고민하고 실행한다.

(2) 윤리적 리더십의 특징

윤리적 리너십은 공정성, 진실성, 책임감, 선의의 의도를 포함하며 이를 실천하여 사회적 책임을 다하는 것이다. 윤리적 리더십은 조직 내에서 긍정적인 영향력을 행사하며 구성원들의 신뢰를 얻을 수 있다. 윤리적 리더십은 다음과 같은 특징이 있다.

첫째, 도덕적 가치의 강조이다. 윤리적 리더십의 리더는 정직, 공정성, 존중 등의 도덕적 가치를 중요시한다. 이들은 이러한 가치를 조직의 문화로 확산시키고자 한다.

둘째, 모범적인 행동의 중시이다. 윤리적 리더십의 리더는 자신의 행동으로 타인에게 긍정적인 영향을 미치고, 기대하는 행동을 스스로 실천함으로써 신뢰를 구축한다.

셋째, 의사소통과 결정의 투명성이다. 윤리적 리더십의 리더는 의사결정 과정에서 투명성을 유지하며, 중요한 정보를 공유하여 조직 구성원들이 이해하고 참여할 수 있도록 한다.

넷째, 상대방 존중이다. 윤리적 리더십의 리더는 구성원들의 의견을 존중하고, 그들의 권리를 보호하며, 공감하는 태도를 유지한다.

다섯째, 사회적 책임 중시이다. 윤리적 리더십의 리더는 조직의 이익뿐만 아니라 사회적 책임을 중요하게 생각하며, 지속 가능한 발전을 중시하고 추구한다.

여섯째, 의사소통의 중시이다. 윤리적 리더십의 리더는 효과적인 의사소통을 통해 윤리적 기준과 기대를 명확히 전달하며, 피드백을 수용하는 자세를 갖는다.

마지막으로, 갈등 해결의 중시이다. 윤리적 리더십의 리더는 원칙에 기반을 두어 갈등 상황을 공정하게 해결하려고 노력한다.

이러한 특징들은 윤리적 리더십이 조직의 신뢰를 구축하고 긍정적인 문화를 형성하는 데 기여하게 한다. 그리고 윤리적 리더십은 단지 가치관을 말하는 것이 아니며, 실천하는 것이 매우 중요하다. 윤리적 리더십의 리더는 평소 자기의 행동을 살펴보고, 구성원들의 가치관과 요구를 이해하며 그들의 신뢰를 얻기 위해 노력해야 한다.

(3) 윤리적 리더십의 효과

윤리적 리더십은 조직의 구성원들에게 일관성 있는 가치와 규범을 제공하며 조직의 목표 달성을 위한 효과적인 방법을 제시한다. 또한 윤리적인 리더십은 조직 내에서의 신뢰와 존경을 증대시키며 직원들의 참여와 열정을 유발한다.

윤리적인 리더십은 조직의 장기적인 성장과 발전을 위한 필수적 조건이다. 따라서 조직 리더들은 윤리적인 가치와 규범을 준수하며 조직 내에서의 예절과 직업윤리를 지키는 것이 중요하다. 이러한 노력은 조직의 목표 달성과 직원들의 만족도 향상에 큰 영향을 미칠 것이다.

6. 꼰대 리더십(Old-fashioned Leadership)

사전에서 '꼰대'라는 말은 노인, 기성세대나 선생을 뜻하는 은어였다. 점차 본래의 의미에서 확장, 변형되어 나이와는 상관없이 권위주의적 사고방식을 가진 윗사람 또는 연장자를 비하하는 별칭으로 사용된다.

요즘 학생들은 꼰대를 구태의연한 사고방식을 벗어나지 못하는 사람, 변화를 싫어하는 사람으로 표현한다. 일상에서는 아랫사람을 훈계하듯 가르치고 강요하는 어른을 낮춰 부르는 은어로 사용된다. 흔히 나이 많고 근무기간이 오래된 직장 상사가 아래 직원에게 일방적으로 가르치고 강요할 때 '꼰대' 소리를 듣는다.

우리 사회에 꼰대라는 말도, 현실의 꼰대도 흔해진 것 같다. 급격한 고도성장과 인구밀집으로 규모가 어느 정도 있는 직장에 자연스럽게 세대 간 차이가 나면서 발생한 신조어다.

꼰대들이 주로 사용하는 말(용어)에도 특징이 있다. 몇 가지 예를 들어보자. '나 때는 말이야', '내가 해봐서 잘 아는데', '내가 네 나이 때는 말이야', '그건 이렇게 하는 게 답이야', '내가 너희만 했을 땐 말이야', '우리 땐 그런 거 없이도 잘했어', '옛날에는 말이야', '우리 때는 그딴 거 없었어' 꼰대들이 이야기할 때 거의 항상 들어가는 말이다. 주로 과거를 연상시키고 주관적 요소가 다분한 표현들이다.

어떤 사람들은 공직자들을 꼰대라고 한다. 공직사회가 보수적·권위적이며 변화가 늦은 특성이 반영된 의견이지 싶다. 물론 일부 공직자들은 과거의 가치관에 머물러 있어 새로운 시대의 흐름에 뒤처지기도 한다. 하지만 대부분은 직무를 수행하며 개인적인 가치관과는 별개로 국민을 위해 최선을 다하고 있다.

공직사회에서 꼰대는 부정적인 부분이 많다. 이들은 자신들의 고정관념과 경험을 바탕으로 새로운 아이디어나 변화를 거부하며, 그 결과 혁신이 일어나지 않는다. 또한 이들은 자신들의 지위와 권력을 유지하기 위해 시스템을 지속하려 한다. 이러한 태도는 새로운 인재들의 유입을 어렵게 만든다. 따라서 꼰대적인 태도를 버리고 새로운 시각과 아이디어를 수용하며, 혁신적인 변화를 주도해야 한다.

1) 리더와 꼰대의 차이

리더와 꼰대의 차이는 매우 분명하다. 리더는 동료들을 이끄는 데 자신감과 존중을 바탕으로 효과적인 의사결정과 행동을 한다. 그러나 꼰대는 자신만의 생각을 강요하며, 다른 사람의 의견을 경청하지 않는다. 또한, 꼰대는 자신이 지식과 경험이 많다고 생각하여 다른 사람들을 무시하고 지시하는 경향이 있다.

리더는 동료들과 협력하여 목표를 달성하며, 꼰대는 다른 사람에게 상처를 주고, 조직 내 분위기를 나쁘게 만드는 경우가 많다. 리더와 꼰대는 태도와 행동에서부터 차이가 있으며, 조직 내에서의 역할과 영향력에서 더 큰 차이를 보인다.

또한, 꼰대는 과거에 대한 고정관념이나 현재의 특정한 방식에 대한 고집으로 인해 새로운 아이디어나 시도를 거부하는 경향이 있다. 그러나 리더는 새로운 아이디어나 시도를 적극적으로 수용하고, 진정한 혁신을 이루기 위해 동료들과 함께 협력한다. 따라서 조직에서 꼰대와 리더를 구분하고, 리더를 육성하는 것이 중요하다.

2) 꼰대 상관의 특성과 문제점

꼰대 리더는 조직에서 많은 문제를 일으킨다. 꼰대 리더는 직원들의 창의성과 열정을 억압하며, 조직 내부의 소통과 협력을 방해한다. 또한 꼰대 리더십은 직원들의 성장을 저해하며, 조직의 성과를 저하시킨다. 따라서 꼰대 리더의 특성과 문제점을 알아보고자 한다. 그리고 꼰대 리더의 잘못된 성향을 고쳐서 적극적이고 열린 리더십을 지향해야 한다.

첫째, 꼰대는 경험이 곧 능력이고, 최고라고 생각한다. 꼰대는 과거 자신이 경험한 것이 최고의 능력이라는 확신을 갖는다. 그들은 과거에 대한 회상을 좋아하고, 그것을 기반으로 현재를 판단하려는 경향이 있다. "내가 해봐서 잘 아는데" 혹은 "그건 이렇게 하는 게 답이야"라며, 자신이 경험한 일을 영웅담, 성공담으로 미화한다.

하지만 이러한 태도는 새로운 아이디어나 변화를 거부하고, 현재와 미래를 제한하는 결과를 낳을 수 있다. 따라서 우리는 과거의 경험을 존중하면서도 새로운 아이디어와 변화를 수용해야 한다.

둘째, 꼰대는 '답정너'이고, 의견을 무시해 버린다. 젊은 세대들은 "꼰대랑 토론은 정말 싫다", "토론하는 의미가 없는 것 같다"고 토로한다. 꼰대들은 자신의 의견이 옳다고 생각하고 다른 사람들의 의견을 무시해 버린다. 그리고 답을 정해 놓기 때문에 토론의 의미가 없어진다. 토론은 서로 다른 의견을 나누고 존중하는 과정에 의미가 있다.

꼰대가 되지 않으려면 어떻게 해야 할까? 다른 사람의 말에 귀를 기울이고 그들의 생각을 이해하려 노력해야 한다. 의견이 다르다고 해서 상대방을 무시하거나 비하하는 것은 옳지 않다. 서로의 의견을 존중하고 공감하는 태도가 필요하다.

셋째, 꼰대는 강한 자에게 약하고, 약한 자에게 강하다. 꼰대는 근본적으로 힘의 논리와 눈치에 민감하다. 윗사람, 상사에게는 손금이 사라질 정도로 아부한다. 하지만 아래 직원은 "경험 없는(나이 어린) 애들이 뭘 알아"라며, 무시하는 경향이 있다.

강한 자들은 꼰대의 태도를 무시하고 자신의 길을 간다. 그러나 약한 자들은 꼰대의 태도에 영향을 받아 자신감을 잃고 자신의 길을 잃어버린다. 이러한 꼰대의 태도는 우리 사회에서 바꿔나가야 할 부분 중 하나이다. 서로 다른 사람들을 존중하고 배려하는 태도가 필요하다.

넷째, 꼰대는 변화에 둔감하고, 권위적이다. "우리 때는 그딴 거 없었어", "우리 땐 그런 거 없이도 잘 했어"라며, 현실 부정이 많은 편이다. 꼰대는 자신이 겪은 경험과 지식을 기반으로 안정적이고 현실적인 판단을 내릴 수 있다. 또한 권위적인 성향이 있어서 다른 사람들에게 조언을 제공할 때 믿음직한 인상을 줄 수 있다.

하지만 이러한 장점들도 자기중심적이거나 강박적인 행동으로 나타날 경우 문제가 된다. 따라서 꼰대라는 꼬리표를 받았을 때는 자신의 행동과 태도를 돌아보며 타인의 의견에도 개방적인 태도를 가져야 한다.

다섯째, 꼰대는 조직 성과보다 서열을 중시한다. 꼰대들은 조직 내에서 자신의 지위와 권력을 강화하기 위해 다른 사람보다 더 높은 자리에 앉으려고 한다. 심지어는 "내가 너희만 했을 땐 말이야"라며, 회식 자리에서도 서열을 찾는다.

또한, 꼰대는 자신의 지위를 유지하기 위해 조직의 목표나 성과보다는 자신의 서열을 중요시한다. 이러한 꼰대 문화는 조직 내에서 협력과 팀워크를 방해하고 성과를 저하시킬 수 있으므로 이를 극복하기 위한 노력이 필요하다.

3) 꼰대 상관에게도 배울 점은 있다

스승이나 종교 지도자가 아니더라도 누구에게나 좋은 점이나 배울 점이 있다. 배우고 못 배우고는 사람의 태도에 달렸다. 꼰대도 마찬가지다. 과거에 꼰대라는 단어는 사람들에게 부정적인 이미지로 받아들여졌다. 하지만 최근에는 꼰대라는 단어가 긍정적인 의미로 변화하고 있다. 꼰대 리더에게 배울 수 있는 몇 가지를 정리해 보았다. 꼰대는 과거에도 오늘날에도 미래에도 있을 것이다. 그들을 이해하고 그들과의 관계를 잘 유지하면서 배울 점을 찾는 것도 공직사회 모두가 해야 하는 일이다.

첫째, 꼰대들은 자신들의 경험과 지식을 바탕으로 많은 조언을 해주고, 훌륭한 멘토가 되어주는 경우가 많다.

둘째, 꼰대들은 성실하고 정직하며, 사람들에게 좋은 영향력을 끼치는 경우가 많다. 따라서 꼰대들은 우리 사회에서 필요한 인물이며, 우리는 그들의 경험과 지식을 적극적으로 수용해야 한다.

셋째, 꼰대 리더의 좋은 점은 신뢰성이다. 꼰대 리더들은 경험이 많으며 꾸준히 일을 해왔기 때문에 팀원들은 그들을 믿는다.

넷째, 꼰대 리더들은 성격이 굳은 편이기 때문에 감정적인 변동이 적어 일관된 방식으로 일을 처리할 수 있다.

다섯째, 경험과 경륜이다. 그들은 경험을 많이 쌓아왔기 때문에 우리보다 더 많은 것을 알고 있을 수 있다. 또한, 그들은 더 많은 실수를 해봤기 때문에 우리가 저지르기 쉬운 실수를 미리 알려줄 수도 있다.

이러한 특성은 팀원들에게 안정감을 줄 뿐만 아니라 조직의 성과에도 긍정적인 영향을 미친다. 물론 우리는 꼰대가 되지 않아도 이러한 교훈을 얻을 수 있다. 또한 공직사회 일부 꼰대 리더는 아직도 지나치게 강압적이거나 고집 센 행동을 한다. 이러한 행동으로 인해 팀원들 사이에 갈등이 생기기도 한다. 하지만 적당한 꼰대 리더십은 팀의 성과를 높이는 데 큰 역할을 한다. 위에서 예로 들었던 리더십의 유형들처럼 꼰대 리더십도 시의적절하게 사용하고 활용할 필요가 있겠다.

7. 소통 리더십(Communicational Leadership)

소통(疏通)은 사전적으로, 막히지 아니하고 잘 통함 또는 뜻이 서로 통하여 오해가 없음을 의미한다. 소통은 일상생활에서도 중요한 요소 중 하나이다. 소통이란 서로의 생각과 느낌을 이해하고 공유하는 것이다.

소통을 통해 서로의 관계를 더욱 발전시키고 문제를 해결할 수 있다. 하지만 소통은 쉽지 않은 일이다. 때로는 서로의 생각이 맞지 않아 의견 충돌이 생기기도 한다. 이를 불통(不通)이라고 한다. 서로 다른 생각과 가치관을 가진 사람들이 모이기 때문이다. 불통은 가정, 학교, 친목 모임, 직장 어디를 막론하고 생겨난다. 소통이 부족해서 오해가 생기기도 한다. 가족 간과 친구 간에도 생기고, 연인 사이와 스승과 제자 사이에도 생겨난다.

공무원은 때때로 주민들에게 '불통의 집단'이란 말을 듣는다. 법과 원칙을 준수하며, 융통성이 떨어지는 공직의 특성으로 인해 시민들로부터 얻어맞는 소리다. 그러나 현실적으로 공무원과 주민 간의 소통이 부족한 것은 사실이다. 이러한 문제를 해결하기 위해서는 주민들과 더 많은 소통의 기회를 확대해야 한다. 또한 주민들의 의견을 적극적으로 수렴하고 이를 반영할 수 있는 체계를 구축해야 한다. 이러한 노력이 있을 때, 공무원과 주민 간의 소통은 더욱 원활해질 것이다.

소통은 공직사회 내에서도 매우 요구된다. 각 부서나 기관에서 발생하는 문제들은 다른 부서나 기관에도 영향을 미칠 수 있기 때문이다. 이러한 이유로 공직사회에서는 소통을 위한 체계적인 시스템이 구축되어야 한다. 그리고 공직자들은 적극적으로 소통을 이루어 나가야 한다.

여기에서는 주로 공직사회 내에서의 소통을 다룰 것이다. 소통을 위해 노력하는 것은 공무원 동료 간의 관계를 향상시킨다. 그리고 더 나은 공직사회를 만드는 데 큰 도움이 될 것이다. 따라서 소통을 주도할 소통 리더십은 더욱 중요하다.

1) 소통 리더십이란?

소통 리더십이란 단순히 지시하고 명령하는 것이 아닌, 상대방과 소통하고 대화하며 함께 문제를 해결해 나가는 리더십을 의미한다. 소통 리더십은 조직 내에서의 의사결정과 문제 해결, 그리고 직원 간의 소통과 협력에 매우 중요한 역할을 한다. 이러한 소통 리더십을 강화하고 발전시키는 것은 조직의 성과 향상과 직원들의 만족도 향상에 큰 도움이 될 것이다.

공무원 조직 내에는 수많은 부서와 인원이 근무한다. 이들 사이에는 정보 공유나 의견 교환이 수시로 이루어져야 한다. 그러나 소통이 제대로 이뤄지지 못하게 되면 일의 효율성은 떨어지고, 업무 처리에 불필요한 시간과 에너지가 소모된다.

소통 리더십은 조직 내 정보의 원활한 흐름을 유지하고, 각 부서와 직원 간의 의사결정을 돕는다. 또한 조직의 효율성을 높이는 역할을 한다. 이에 따라 공무원 조직 내에서 소통 리더십은 필수적이다.

리더는 먼저, 팀원들과의 소통을 위해 적극적으로 대화를 이끌어야 한다. 이를 위해서는 상황에 따라 적절한 대화 방식을 선택하고, 팀원들의 의견을 경청하며 적극적으로 수용해야 한다. 또한 팀원들 간에 갈등이나 문제가 생겼을 때 적극적으로 개입하고 해결책을 모색해야 한다.

이를 위해 리더는 상황을 이해하고, 객관적인 시각에서 문제를 바라봐야 한다. 또한, 팀원들 간의 협업을 장려하고, 팀원들이 자신들의 역할을 명확하게 이해하고, 서로 협력할 수 있도록 지원해야 한다. 이렇게 소통 리더십을 실천하면 팀의 성과를 높일 수 있을 뿐 아니라 팀원들의 만족도와 유대감을 증진시킬 수 있다.

2) 소통 리더십에 필요한 자세

공무원 조직 내에서 꼭 필요한 소통 리더가 갖춰야 할 자세는 상황에 따라 다양하다. 그 가운데 몇 가지만 예로 들면 다음과 같다.

첫째, 상대방을 이해하고 존중하는 자세이다. 소통 리더는 자신의 의견을 분명히 전달하면서도 상대방의 의견을 존중하고 이해하기 위해 경청하는 능력이 필요하다.

둘째, 갈등 상황에서 객관적인 시각으로 문제를 파악하고 해결책을 제시하는 태도이다. 소통 리더가 이러한 자세를 갖추면 조직 내에서의 의사결정과 업무 수행이 원활해지며, 팀원들의 신뢰와 협력도 증진된다.

셋째, 열린 마음과 수용하는 자세이다. 열린 마음은 다양한 의견과 아이디어를 수렴하고 수용하는 태도를 의미한다.

넷째, 문제와 상황에 적극적으로 대처하는 태도이다. 적극적인 태도는 문제를 해결하고 협력을 끌어내는 능력이다. 소통 리더는 단순히 정보를 전달하는 역할을 넘어서서, 상대방의 의견을 이해하고 공감하며, 함께 문제를 해결하는 과정에서 더 나은 결과를 끌어내는 역할을 해야 한다.

이와 같은 능력은 조직 내에서만 아니라 외부와의 소통에서도 필수적인 역할을 한다. 따라서 소통 리더에게는 열린 마음과 적극적인 태도를 함께 갖춘 리더십이 필요하다.

3) 소통 리더가 주의할 점은

공무원 조직에 소통이 중요하고 소통 리더십이 필요하다고 하더라도 어떻게 실천하느냐에 따라 결과는 달라진다. 리더들이 소통 리더십을 실천할 때 주의하고 조심해야 할 사항이 있다. 몇 가지를 살펴보면 다음과 같다.

먼저, 다른 사람들의 의견과 생각을 경청하지 않는 자세이다. 소통은 양방향적인 과정이기 때문에 단순히 자신의 의견을 내세우는 것이 아니다. 다른 사람들의 의견을 듣고 존중하는 것이 중요하다.

둘째, 소통 리더가 자신의 의견을 표현할 때 불명확하거나 주관적으로 전달하는 태도다. 소통 리더는 일방적이 아닌 상대방의 의견을 귀 기울여 듣고 적극적으로 반영해야 한다.

셋째, 상대방의 시각을 무시하고 공감하지 않는 태도다. 소통 리더가 이러한 방식으로 소통을 하면 조직 내의 갈등을 유발한다. 또한 구성원들의 동기 부여와 성과 향상에도 영향을 미친다.

넷째, 자신의 의견을 자유롭게 표현할 수 없는 통제된 분위기 조성이다. 이런 조직 문화하에서는 상호 간 존중과 소통이 어렵고 효율적인 팀워크도 불가능하다. 따라서 회의나 토론에서 모든 의견을 고려하고 효과적인 의사결정을 내리기 위한 방법을 함께 모색해야 한다. 소통 리더는 이러한 과정을 통해 팀의 성과를 극대화할 수 있다.

3장

이런 팀장이 되어 주세요

03

이런 팀장이 되어 주세요

팀은 공무원 조직의 말단 조직이다. 팀에는 업무와 직원들을 리드하고 관장하는 팀장이 있다. 대부분의 직원들은 팀장과 가장 가까이에서 근무를 한다. 때문에 직원들은 각 조직(팀)에서 능력 있고, 좋은 팀장을 원한다. 좋은 팀장은 일할 때 도움을 주며, 일을 성취하도록 끌어주고 성장을 받쳐준다. 또한 직원들과 일에 대한 열정을 공유하며, 팀의 성공을 위해 최선을 다한다. 그리고 직원들이 서로를 존중하고 협력하도록 장려한다. 나아가 근무하면서 즐거움을 느끼도록 분위기를 조성한다. 결국 좋은 팀장은 근무하는 환경도 좋게 만들고, 팀원을 하나로, 즉 '원팀'으로 만들어 열정과 동기 부여를 통해 일의 성과를 높인다.

따라서 팀장이라는 존재는 매우 중요하다. 그들은 팀을 이끄는 역할을 하기 때문이다. 직원들은 팀장으로부터 많은 것을 바란다. 업무적으로는 사무를 잘 분장해서 공평한 기회를 제공하는 동시에 성과를 낼 수 있는 지도를, 인간적으로는 개인적인 문제에 대해서 친절한 상담과 조언을 바란다. 그렇게 함으로써 직원들과 신뢰감을 쌓아주길 기대한다. 직원들은 그런 팀장과 함께 일하는 게 즐겁고 업무 효율성도 이룰 수 있기 때문이다.

제3장은 수원시 수목원과, 권선구청, 팔달구청, 도시재단 직원들 191명에게 받은 주관식 설문을 토대로 구성하였다. 여기서는 직원들이 바라는 팀장의 모습 '이런 팀장이 좋아요'와 원하지 않는 팀장의 행태 '이런 팀장은 싫어요'를 마련하였다. 특히 팀장들이 현장에서 자칫 실수하기 쉬운, 직원들이 생각하는 갑질 사례를 예시로 들면서 설명을 곁들였다. 팀장들은 나름 자신이 역할을 잘하고 있다고 생각할 것이다. 하지만 직원들이 바라는 것과 괴리감이 있는 부분도 없지 않다. 그 간극을 좁혀 직원들이 원하는 바람직한 좋은 팀장이 되길 바라는 마음에서 이 3장을 준비했다.

1. 이런 팀장이 좋아요

1) 카멜레온 같은 리더십이 좋아요

직원들이 팀장들에게 바라는 것 첫 번째는 역시 리더십이다. 그것도 어떤 한 가지가 아닌 다양한 리더십의 모습이다. 우선, 다정한 카리스마를 원한다. 다정한 마음으로 상대방을 대하는 것은 물론이고, 동시에 자신의 의견을 분명하게 전달하고 행동하는 리더십이다. 다정한 마음과 강한 의지, 카리스마를 바탕으로 직원들에게 긍정적인 영향력을 미치는 팀장이다. 평소에는 직원들을 다정하게 대하지만, 직원들이 어렵거나 힘들 때는 먼저 나서는 카리스마를 보여주길 원한다.

팀장의 카멜레온 같은 리더십은 직원들에게 매력적으로 보일 것이다. 다양한 상황과 팀원들의 필요에 맞춰 유연하게 변화하는 모습은 인상적일 수 있다. 예를 들어, 팀원들이 어려움을 겪고 있을 때는 따뜻하게 지지해 주고, 반대로 팀이 목표를 향해 나아갈 때는 강력한 추진력을 보여주는 것이다. 이러한 리더십 스타일은 팀원들이 각자의 역할을 잘 수행할 수 있도록 격려하며, 서로 협력할 수 있는 환경을 만들어 준다.

이렇게 카멜레온처럼 상황에 맞춰 변화를 주는 리더십 덕분에 팀원들은 더욱 자신감을 가지고 업무에 임할 수 있고, 팀의 목표를 함께 이루어 나가는 데 큰 힘이 된다.

팀원들은 때로 조용한 리더십을 바란다. 이는 무리한 지시나 강압적인 태도로 일을 처리하는 것보다 조용하게 이야기하며 서로 의견을 나누는 리더십이다. 조용한 리더십은 팀원들에게 신뢰감을 준다. 또한 서로 존중하며 협력하는 분위기를 조성할 수 있다. 조용한 리더는 자신의 감정을 잘 조절하며, 팀원들의 감정을 잘 이해하고 공감할 수 있기에 갈등이 생겼을 때도 원만한 해결책을 찾을 수 있다. 예컨대, 다음과 같은 사례다.

비가 오는 오후다.
약속이라도 한 것처럼, 진상 손님이 왔다.
"과장 나오라고 해!"
팀장님이 자리에서 일만 하시다가
조용히 앞으로 나와 깔끔하게 처리해 주셨다.
자리로 돌아가기 전 어깨를 툭툭 치시면서
"수고했어"라는 말도 잊지 않았다.
이게 "조용한 리더십이구나"

한편으로, 울타리 같은 리더십도 기대한다. 팀장의 울타리 같은 리더십은 중요한 요소다. 팀원들이 안전하게 의견을 표현하고, 실수를 두려워하지 않도록 지원하는 환경을 조성하는 것이다. 이러한 리더십은 신뢰를 쌓고 팀의 결속력을 높이며,

팀원들이 더 나은 성과를 낼 수 있도록 도와준다.

2) 성장 부스터가 되어 주세요

직원들은 팀장이 성장 부스터이길 바란다. 성장 부스터는 창의적이고 독창적인 아이디어를 가지고 있다. 실행 능력이 뛰어나고 팀을 끌어 나가는 능력도 있어야 한다. 또한 비전과 가치를 공유하고 이를 실천할 수 있는 열정적인 리더십을 발휘하는 팀장이다.

팀원들의 성장을 위해 끊임없이 노력하고, 지원하며, 동기를 부여한다. 뿐만 아니라 팀의 진행 상황을 지속적으로 모니터링하며, 필요한 조치를 지원해야 한다. 팀장은 일의 지시자일 뿐만 아니라, 팀원들을 위한 멘토이기도 하다. 팀장의 지지와 도움 없이는 팀원들도 최고의 성과를 이룰 수 없다. 이에 대한 어느 직원의 사례를 들어 보겠다.

"요즘 팀장님께서 정말 성장 부스터가 되어 주는 것 같아요. 어떤 실수를 하거나 어려움을 겪을 때마다 항상 지도와 조언을 해주고, 제가 발전할 수 있도록 도와줍니다.
이전에는 일을 하면서 불필요한 스트레스와 압박감이 많았는데, 팀장님과 일하면서 그런 것들이 많이 사라졌어요. 정말 좋은 팀장님이고, 앞으로도 함께 열심히 일해 나갈 것 같아요."

우선 직원들을 믿어야 한다. 지켜보며 업무를 해낼 수 있도록 힘을 길러주어야 한다. 또한 도움이 필요한 순간, 공직생활에 피와 살이 될 제안들을 통해 성장하게끔 도와줘야 한다. 또한 갑작스럽게 사업이 떨어지거나 악성 민원이 발생해서 어렵고 힘든 상황에 있는 직원을 혼자 두지 말아야 한다. 현명한 방법으로 상황을 해결할 수 있게 조율하고 팀원들을 통솔하는 모습이 필요하다.

이를 통해 직원들이 능력을 펼칠 수 있게 책임져 주고 성장할 수 있게 도와줘야 한다. 직원들은 그들의 역량을 발휘할 기회와 자유로운 환경을 원한다. 그들이 자신의 기량을 극대화할 수 있는 일을 맡을 수 있게 해주고 성장할 기회를 제공해 주어야 한다. 만약 직원들이 자신의 능력을 충분히 발휘하지 못하고 성장하지 못한다면, 팀장은 물론 팀도 성장할 수 없다. 따라서 직원들의 가능성을 존중하고 책임져 주고, 성장을 도와줘야 한다.

3) 힘든 일 있으면 얘기해!

누구나 예기치 않게 힘든 일을 겪을 수 있다. 때로는 일상에서 발생하고, 때로는 직장에서 발생한다. 어디에서든 힘든 일이 발생하면 그것을 얘기하고 도움을 청해야 한다. 이때 가장 필요한 사람이 인간적인 상사다. 공무원 직원들도 마찬가지다. 따라서 직원들은 팀장의 인간적인 면을 좋아한다. 인간적인 팀장은 평소 직원들과 자주 소통하며, 서로를 이해하고 존중하는 문화를 만든다. 팀장의 태도가 따뜻하고 친절하면 직원들은 더욱더 힘을 내서 일을 하게 된다. 이와 관련된 다음 이야기를 통해 자세히 알아보겠다.

팀장: 안녕하세요, 무슨 일 있나요?
직원: 제가 이번에 맡은 신규 업무가 너무 어렵고 복잡해서 어떻게 해야 할지 모르겠어요.
팀장: 그럴 수 있지. 오늘 저녁에 그 업무에 대해 집중적으로 제가 알고 있는 지식과 경험을 공유해 드릴게요. 같이 문제를 해결하면 업무를 완성할 수 있을 겁니다.
직원: 네, 감사합니다. 그럼 저녁에 상세히 이야기해 보겠습니다.
팀장: 좋아요. 도와줄 수 있는 점이 있다면 언제든지 말씀해 주세요. 함께 성공적인 결과를 만들어 봅시다.

직원들이 민원 응대로 바쁠 때 팀장이라는 직급에 얽매이지 않고 업무를 가져가서 조용히 처리해 줄 때, 악성 민원인이 직원에게 막말할 때, 팀장이 피하지 않고 나와서 처리해 줄 때, 초과근무 하는 직원이 있으면 어떤 업무 때문에 일이 많은지, 다른 힘든 일은 없는지 걱정해 줄 때, 직원들은 팀장이 인간적임을 느낀다.

퇴근 후, 밖에서는 살아가는 얘기와 꿈과 버킷리스트 그리고 자신의 힘들었던 경험담을 들려주며 편안하게 대해 줄 때, 업무 관련 조언(보통은 잔소리처럼 느껴지는)이나 본인 자랑 대신에 직원들의 고민을 들어주며 진심 어린 인생 조언을 해 줄 때, 직원들의 단점보다는 장점을 봐줄 때도, 직원들은 인간적임을 느낀다.

민원이 많고 격무에 시달리는 팀이지만 특유의 유쾌함으로 항상 웃으며 골치 아픈 민원도 척척 해결하면서 팀원들을 도와줄 때, 업무적으로 배울 점도 많고 무엇보다 후배 직원들을 먼저 위하고 배려해 줄 때, 팀원이 곤란한 일을 겪고 있을 때 같이 고민해 주며, 퇴근길 소주 한잔 기울여 줄 때, 직원들은 그를 인간적인 팀장으로 부른다. 그들이 상사가 아닌 인생 선배로서 대해 주기 때문에 자연스럽게 직원들은 진심으로 존경하고 따른다.

4) 유일무이 올라운더(All-rounder, 다재다능)를 존경해요

조직은 규모와 무관하게 올라운더(All－rounder, 다재다능 · 탁월한 능력)의 수장을 원한다. 공무원 조직이라고 다르지 않다. 이런 팀장은 팀에 어떤 일이 발생하든지, 직원들이 무슨 일을 하든지 다 해낼 수 있기 때문이다. 그리고 직원들의 관점에서 생각하며, 문제가 생겼을 때 빠른 대처가 가능하다. 따라서 직원들은 탁월한 능력의 팀장과 같이 근무하기를 바란다.

다재다능한 팀장은 다양한 분야의 지식과 경험을 바탕으로 복잡한 프로젝트를 효과적으로 관리할 수 있다. 예컨대 정책 개발, 예산 관리, 대민 서비스 개선 등 여러 요소를 조율하여 성공적인 결과를 도출할 수 있다. 또한, 다양한 배경의 팀원들과 원활하게 소통하고 협력할 수 있어 팀의 사기와 생산성을 높이는 데 중요한 역할을 한다. 예기치 않은 문제가 발생했을 때, 다재다능한 팀장은 여러 분야의 지식을 활용하여 신속하고 효과적으로 해결할 수 있다. 나아가 예산 부족 문제나 법적 이슈에 대한 즉각적인 대처가 가능하다. 또한 공무원 조직은 정책 변화나 사회적 요구에 민첩하게 대응해야 하는데, 다재다능한 팀장은 이러한 변화에 적응하고 팀을 이끌어 나가는 데 필요한 유연성을 제공한다. 이처럼, 다재다능한 팀장은 공무원 조직에서 다양한 역할을 수행하며, 조직의 목표 달성을 위해 필수적인 존재이다.

한편 팀장에게는 탁월한 능력만큼이나 팀원들의 능력을 잘 파악하고 조화롭게 이끄는 리더십 능력이 필요하다. 탁월한 능력이 있어도 타인을 배려하지 않거나 자신이 모든 일을 해결하려는 태도는 오히려 조직의 성과를 저해할 수 있다.

따라서 탁월한 능력의 팀장이라고 하더라도 팀원들과의 소통과 협력, 상황 판단 능력 등 다양한 요소도 함께 갖추어야 한다. 또한 다재다능한 능력의 팀장이라고 해서 모든 일을 혼자서 해결하려는 태도는 좋지 않다. 팀원들과 함께 일하고 의견을 나누며 성장해 나가는 것이 조직의 성과를 높이는 길이다.

아울러 탁월한 업무 능력에 팀원과의 공감 능력을 더할 필요가 있다. 지시는 명확하게, 회의는 요점만 짧고 굵게 해주며, 일 처리는 깔끔하게 처리하여 불필요한 업무를 줄여준다면 더할 나위가 없다. 또한 업무처리에 어려움, 문제점 등이 있을 때, 빠르게 파악하고 해결 방안을 제시하거나 처리해 준다면 직원들에게는 최고의 팀장으로 자리매김할 것이다.

5) 소통은 소똥이 아니잖아요?

직원들이 팀장에게 바라는 희망 중 손꼽히는 하나가 소통이다. 소통은 인간관계에서 매우 중요한 역할을 한다. 그러나 때로는 다른 사람들과 소통을 잘하지 못해 문제가 발생할 수 있다. 이러한 문제는 다양한 원인이 있을 수 있지만, 크게는 의사소통의 부재와 오해가 가장 큰 요인이다. 따라서 서로를 이해하고 존중하며 소통할 수 있는 방법을 찾아야 한다.

소통은 소똥이 아니다. 간혹 팀장 중 일부는 소통을 소똥 보듯이 회피한다. 이에 따라 팀원들마저 소통하지 않고 갈등을 일으키거나 문제를 만들기도 한다. 소통은 서로 이해하고 존중하는 것이 중요하다. 어려운 상황에서도 서로 대화하고 합의점을 찾는 것이 가능하다.

소통을 통해 서로의 생각과 감정을 공유하고 함께 문제를 해결해 나가는 것이 필요하다. 소통이 잘 되는 조직은 행복한 분위기에서 성과가 나타난다. 작은 일이라도 서로 소통하는 루틴을 가지고, 서로에게 존중을 보여주며 소통의 중요성을 깨닫는다면 더 나은 팀을 만들 수 있다. 어느 직원이 겪은 다음 이야기는 소통의 중요성을 여실히 보여준다.

> "제가 모셨던 A 팀장님은 항상 팀원들과 소통하며, 팀원들의 의견을 듣고 존중합니다. 특히, 회의 시간에는 각자 의견을 내고 서로의 의견을 공유하며, 합의점을 찾아갑니다. 또한, 팀원들과 개인적으로 만날 때에도 서로의 이야기를 듣고 이해하려 노력합니다.
> 그렇게 함으로써, A 팀장님은 팀원들이 편안하게 의견을 내고 소통하는 분위기를 만들었죠. 이러한 소통 능력 덕분에 A 팀장님은 팀 내에서 좋은 리더로 인정받았습니다."

팀장으로서 꼭 지켜야 할 가치 중 하나는 소통이다. 팀에서는 모든 구성원이 서로 소통하면서 일을 진행하고, 문제를 해결하는 것이 중요하다. 그래서 팀원들과 자주 대화하고, 의견을 나누며, 서로의 생각과 감정을 이해하려 노력해야 한다. 특히 팀원들이 언제든 자유롭게 의견을 말할 수 있도록 배려하며, 개인적인 관계도 쌓아야 한다. 소통이 잘 되는 팀은 일이 원활히 진행되고, 문제도 빠르게 해결된다.

6) 격려와 배려는 직원들을 춤추게 만들어요

직원들은 격려와 배려를 받는 것을 원한다. 격려와 배려를 통해 직원들은 자신들의 능력을 더욱 발휘하며, 더 나은 성과를 이룰 수 있다. 따라서 팀장은 격려와 배려를 제공하는 문화를 만들어야 한다.

업무를 하다 보면 언제나 어려움과 난관이 있다. 그럴 때마다 팀원들 간의 격려와 응원이 꼭 필요하다. 특히 지치고 힘들어하는 팀원들에게 작은 격려와 다정한 말 한마디는 큰 힘이 될 수 있다. 물론 피자나 치킨을 곁들인 작은 파티는 금상첨화다. 이렇게 팀원들 간에 긍정적인 분위기를 유지하고 서로를 믿고 지지해 주는 것이 팀 성과에도 큰 영향을 미친다.

어떠한 업무를 처리했을 때 당연히 담당자라면 해야 할 일이지만 "고생했다, 힘들었겠네" 하며 격려해 주는 것이 좋다. 팀장들에게는 참 쉬운 말이고, 짧은 말이지만 그 말을 들은 직원들은 힘도 생기고, 또 열심히 할 수 있는 원동력이 된다. 다음의 직원들의 대화는 이를 여실히 보여준다.

직원A: 요즘 팀장님이 정말 많은 격려와 배려를 해주시는 것 같아.
직원B: 네, 저도 그렇게 느껴요. 저번 팀 프로젝트가 실패한 부분이 있었는데, 팀장님이 그것을 실패한 것으로 여기지 않고, 노력을 칭찬하며 다음에는 더 잘하도록 격려해 주셨잖아요.

직원A: 그래서 그게 팀 내 분위기에도 좋은 영향을 미친 거 같아.

직원B: 네, 맞아요. 팀원들이 모두 힘들어하던 때에도 팀장님이 우리를 위해 노력해 주고, 배려해 주는 모습이 좋았어요.

팀장이 직원들의 역량과 장·단점을 파악하고 이에 맞는 업무분장을 통해 효과적으로 일할 수 있도록 하는 것도 배려이다. 직원들의 개인적인 사정에 신경을 써주고 업무에 지장 없게 연가 및 업무시간을 조절해 주는 것도 배려이다. 징검다리 연휴, 특별 휴가 등이 있을 때, 직원 먼저 배려해 준다면 최고의 팀장이 아닐 수 없다.

7) 솔선수범하는 팀장이 최고예요

직원들이 리더인 팀장들이 해주었으면 하고 손꼽는 것이 솔선수범이다. 솔선수범하지 않는 팀장의 리더십은 효과적이지 않을 수 있다. 솔선수범이란 팀원들을 끌어갈 때 앞장서서 일을 해결하는 것을 이른다. 이것이 없다면 팀장은 팀원들에게 신뢰를 잃을 수 있으며, 직원들의 업무에 대한 의지도 떨어질 수 있다.

따라서 솔선수범은 팀장의 필수요건 중 하나이며, 그들의 리더십을 더욱 강화할 수 있는 중요한 역할을 한다. 직원들도 언제나 자신들이 속한 팀의 팀장들이 솔선수범하면서 팀원들을 이끌어 가길 바란다. 팀장이 팀에 문제가 생길 때 적극적으로 대처하는 모습을 보여줘야 한다. 또한 팀원들의 의견을 존중하여 듣는다면, 직원들은 열심히 일할 것이다.

솔선수범하는 팀장은 팀원들에게 긍정적인 영향을 미친다. 예컨대 팀장이 프로젝트 마감일을 준수하며 열심히 일하는 모습을 보여주면, 팀원들도 그에 따라 노력하게 된다. 또한 팀장이 문제 상황에서 먼저 해결책을 모색하거나, 팀원들이 어려움을 겪을 때 적극적으로 지원하는 모습을 보이면, 팀의 사기도 높아지고 협력적인 분위기가 조성된다.

직원들은 근무연수가 얼마 되지 않아 경험도 적고 모르는 일이 많다. 모르는 사안이 발생했을 때 같이 고민해 주고, 법령을 찾고 해결 방안을 함께 고민해 주는 것이 솔선수범이라고 생각한다. 아울러 직원이 잘못했을 때 과장에게 얘기하여 같이 책임져 주는 것도 직원들이 바라는 팀장의 멋진 뒷모습이다.

팀장들은 팀의 리더로서 자신의 팀원들에게 모범이 되어야 한다. 팀원들이 문제를 해결할 때 도와줘야 하며, 팀원들의 의견을 경청하고 존중해야 한다. 또한 팀의 목표를 명확히 하고, 목표 달성을 위해 필요한 일들을 분배해야 한다. 팀장이 솔선수범하면서 팀원들을 이끌어가면 팀은 더 좋은 성과를 이룰 수 있다.

8) 팀의 기둥이 되어 주세요

팀장은 팀의 기둥이다. 팀원들을 이끄는 리더 역할을 하며, 팀의 목표를 달성하는 데 중요한 역할을 맡는다. 또한 팀원들의 의견을 수렴하고 존중하며, 갈등을 조정하고 해결하는 등 팀 내 소통의 중심 역할을 맡는다. 팀장이 팀의 기둥이 되어 팀원들을 이끌면, 팀은 더욱 강력하고 효율적인 결과를 얻을 수 있다.

팀장으로서 힘든 일은 항상 먼저 하고, 업무 중 어려움이 있을 때 함께 방법을 찾아주고, 아닌 일에는 단호하게 아니라고 해주어야 한다. 팀 간의 이견이 있는 사안 또는 보수적인 의견이 많은 경우 좁게는 직원을 위해, 넓게는 팀을 위해 팀장으로서 가르마를 정확히 타주어야 한다. 앞으로 가는 길에 좌·우 방향을 정해야 하는 상황에서 팀의 의견을 충분히 듣고 가야 하는 방향을 명확히 결정해 줘야 한다. 어떤 직원들의 대화를 통해서 이러한 내용을 좀 더 자세히 알아보겠다.

팀원A: 팀장님은 대단해요. 우리를 위해 노력하는 모습이 보여요.
팀원B: 맞아요. 팀장님의 리더십에 매우 감동 받았어요. 어떤 일이 있어도 팀원들을 위해 항상 최선을 다해주시죠.

팀원A: 그렇죠. 팀장님의 존재감이 커서 우리 팀이 안정적으로 운영되고 있는 것 같아요.

팀원B: 저도 팀장님의 모습에 감명받았어요. 팀이 하나의 몸처럼 움직이도록 리더십을 발휘하시는 모습이 멋있어요.

팀원A: 그러게요. 팀장님의 존재감이 없었다면 우리는 이렇게 팀으로 성과를 내지 못했을 것 같아요.

이처럼 팀장은 팀의 기둥으로서, 팀원들 간의 갈등을 해결하고 조화롭게 일하도록 도와야 한다. 그들은 팀의 목표를 이루기 위해 팀원들을 이끌고 인도해야 한다. 팀의 목표 달성에 필수적인 다양한 역할도 수행해야 한다. 또한 팀의 성공과 발전에 크게 기여해야 한다. 팀장은 팀원들이 협력하고 성장할 수 있는 환경을 조성함으로써, 팀 전체의 역량을 극대화하는 데 중점을 두어야 한다.

9) 선한 영향력의 팀장을 바라요

직원들은 선한 영향력이 있는 팀장을 바란다. 그 이유는 선한 영향력을 발휘하는 팀장에게는 동기 부여와 원활한 소통을 기대할 수 있기 때문이다. 반면 그렇지 않은 팀장에게서는 사기 저하와 소통 부족으로 직원 간 갈등마저 생길 수 있기 때문이다.

선한 영향력의 팀장은 팀의 분위기와 성과에 긍정적인 영향을 미치며, 팀원들이 더 나은 성과를 낼 수 있도록 돕는 역할을 한다. 이러한 팀장이 되기 위해서는 여러 가지 특성과 행동이 필요한데 살펴보면 다음과 같다.

첫째, 모범적인 행동이다. 팀장은 자신의 행동으로 팀원들에게 긍정적인 본보기가 되어야 한다. 윤리적인 기준을 지키고, 항상 정직하며 투명한 태도를 유지해야 한다. 팀장이 자신의 가치관을 실천하는 모습을 보여주면, 팀원들도 자연스럽게 그 행동을 따르게 된다. 이는 팀의 문화와 가치관을 형성하는 데 중요한 역할을 한다.

둘째, 격려와 지원이다. 선한 영향력을 미치는 팀장은 팀원들의 성장을 진심으로 응원하고 지원한다. 각 팀원의 강점과 약점을 이해하고, 그에 맞는 피드백을 제공하여 개인의 발전을 도모해야 한다. 필요할 때는 멘토로서의 역할을 수행하고, 교육 기회를 제공하여 팀원들이 자신의 역량을 키울 수 있도록 도와 줘야 한다. 이러한 지원은 팀원들이 자신감을 가지고 업무에 임할 수 있게 해준다.

셋째, 공정한 결정을 내리는 것이다. 모든 팀원을 공정하게 대하는 것은 신뢰를 쌓는 데 매우 중요하다. 팀장은 개인적인 감정을 배제하고, 모든 의사결정을 객관적으로 내리는 것이 중요하다. 이를 통해 팀원들은 팀장이 자신들을 공정하게 대우한다는 것을 느끼게 되고, 이는 팀의 결속력을 강화하는 데 기여할 것이다.

넷째, 긍정적인 에너지 유지이다. 팀장의 긍정적인 에너지는 팀 전체의 분위기에 큰 영향을 미친다. 어려운 상황에서도 긍정적인 태도를 유지하고, 문제 해결을 위한 건설적인 접근 방식을 제시할 필요가 있다. 팀원들에게 긍정적인 피드백을 자주 주어 동기를 부여하고, 팀이 함께 성장할 수 있는 환경을 만드는 일이다.

마지막으로, 비전 제시다. 팀장은 팀의 목표와 비전을 명확히 하고, 이를 팀원들과 공유해야 한다. 팀원들이 목표를 이해하고, 그 목표에 기여하고 있다는 느낌을 받을 때, 더 높은 몰입도를 가지게 된다. 비전을 함께 공유하고, 팀원들이 그 비전을 실현하기 위한 과정에서 자신의 역할을 인식하게 도와주는 것이 중요하다.

이러한 특성을 갖춘 팀장은 팀원들에게 긍정적인 영향을 미치고, 함께 성장하는 문화를 만들어 간다. 선한 영향력의 팀장을 통해 팀 전체가 더욱 발전하고, 목표를 향해 나아갈 수 있는 환경이 조성될 것이다.

10) 나침반 같은 팀장이 되어 주세요

공무원 팀장에게는 다양한 의무와 역할이 주어진다. 특히 직원들이 바라고 원하는 바람직한 팀장의 모습 중 하나가 나침반 같은 팀장의 모습이다. 팀장으로서 나침반 같은 역할을 하는 것은 팀의 성공에 매우 중요하다. 나침반은 방향을 제시하고 목표를 향해 나아갈 수 있도록 돕는 도구라고 할 수 있다. 이를 팀장에 비유하자면, 팀원들이 각자의 역할을 잘 수행하면서도 팀이 전체적인 목표를 향해 나아갈 수 있도록 이끄는 것이다.

우선, 명확한 비전 설정이 필요하다. 팀의 비전과 목표를 명확하게 설정하여 팀원들이 이해하고 공감할 수 있도록 구체적으로 설명해야 한다. 비전을 팀원들과 공유하고 그들이 이 목표의 중요성을 이해할 수 있도록 돕는 것이 중요하다.

둘째, 소통과 경청이 필수적이다. 팀원들과의 소통을 통해 유연하게 언제든지 의견을 제시할 수 있는 환경을 조성해야 한다. 그들의 의견과 피드백을 적극적으로 경청하여 존중받는다고 느끼게 하는 것도 중요하다.

셋째, 신뢰 구축 또한 핵심 요소이다. 의사결정 과정에서 투명하게 정보를 공유하고 팀원들이 신뢰할 수 있는 환경을 만들어야 한다. 팀원들이 각자의 역할에 책임을 질 수 있도록 독려하고 그들의 성과를 인정하는 것도 신뢰를 쌓는 데 큰 도움이 된다.

넷째, 문제 해결 능력도 중요하다. 팀 내에서 발생하는 문제를 빠르게 인식하고 적절한 해결책을 모색해야 한다. 문제를 해결하기 위해 팀원들과 협력하여 다양한 의견을 수렴하고 최선의 해결책을 찾는 것이 필요하다.

다섯째, 동기 부여 역시 중요한 요소다. 팀원들이 자신의 강점을 발휘할 수 있도록 격려하고 필요한 지원을 아끼지 않아야 한다. 다양한 교육과 성장 기회를 제공하여 팀원들이 발전할 수 있도록 돕는 것도 나침반 팀장으로서의 책임이다.

마지막으로, 성과 평가 및 피드백이 필요하다. 팀원들에게 정기적으로 피드백을 제공하여 그들이 성장할 수 있는 기회를 제공하고, 팀의 성과를 공유하여 팀원들의 기여를 인정함으로써 팀의 결속력을 강화할 수 있다.

이러한 요소들을 바탕으로 팀원들이 각자의 역할을 충실히 수행하면서도 전체 목표를 향해 나아갈 수 있도록 이끌어 주는 것이 중요하다. 나침반 같은 팀장이 되어 팀을 성공적으로 이끌어 나가길 바란다.

한 줄 의견 추가

- 나침반이 되어 주는 팀장
- 연가 결재 묻지 않고 잘 해주는 팀장
- 실수를 포용할 줄 아는 팀장
- 선한 영향력을 닮고 싶은 팀장
- Team에 의한 Team원을 위한 Team의 장
- 내 직원은 내가 지킨다!
- 가이드, 울타리가 되어 주는 팀장

2. 이런 팀장은 싫어요

1) 바지팀장과 일하는 건 싫어요

직원들이 싫어하는 첫 번째로 꼽는 유형은 바지팀장이다. 바지팀장은 존재감 제로의 리더십이다. 성격은 대체로 까칠하고 지나치게 엄격하다. 직원들을 압박하고 지시하며, 그의 명령을 따르지 않으면 혼나기 일쑤이다. 그래서 직원들은 그런 팀에서 일하기 싫어하고, 그런 팀장과 만나지 않길 바란다.

바지팀장은 직책만 팀장일 뿐, 1970~1980년대 꼰대 계장과 매한가지다. 그의 일상을 들여다보면 금방 이해가 간다. 바지팀장은 출근해서 결재만 하는(수정이 필요한 부분을 알아채지도 못함) 로봇처럼 보인다. 유튜브 보기, 게임하기 등 본받고 존경할 모습은 하나도 찾을 수 없다. 일하는 것 하나 없이 초과근무는 매달 풀로 채운다. 저녁밥은 꼬박꼬박 직원들이 챙겨주고, 업무시간 중에도 노래를 부르고 손으로 장단을 치며 업무에 방해를 준다.

결재가 급해도 늘 찾으러 다녀야 하는 분실물 같다. 자리를 이탈하여 사적인 만남을 하러 다니기 일쑤다. 외부 행사가 있어도 기습 연가 · 조퇴를 일삼고, 담당에게 모든 일을 맡기는 무책임의 극치도 보인다. 과장에게 자기 팀원들을 이간질

하고 다니는, 차마 보기에도 안타까운 팀장의 모습이다. 이에 대한 어느 직원의 하소연을 들어 보는 것도 좋겠다.

> "어이, 너희 팀장은 뭐하는 거야? 일 방향도 모르고, 책임도 안 지고 뭐 하러 있어?"
> 바로 옆 팀의 친구가 물었다. 나는 어쩔 줄 몰라 그저 고개를 끄덕인다. 우리 팀장은 정말 무능력하다. 우리 팀은 일이 제대로 안 돼서 늘 문제가 생긴다. 하지만 그는 늘 자기 잘못이 아니라 직원 탓으로 돌리고, 해결 방법도 찾지 않는다. 나는 어떻게 일을 할지 감이 안 잡힌다. 팀장이 바뀔 때까지 이 팀에서 일하기가 참 힘들 것 같다.

바지팀장은 일의 방향도 모르고, 책임도 지지 않는 무능력자다. 예컨대, 어떤 사업을 단지 팀장 본인의 생각이 옳다고만 판단하고, 직원의 의견은 없다. 진행하기 어려운 부분에 대한 의견을 제시해도 입만 아플 뿐이다. 해야 할 일에 대해서는 왜 해야 하는지 근거를 찾아오고, 본인을 설득해 보라고 한다. 또한 해서는 안 될 일에 대해서는 왜 하면 안 되는지 근거를 찾아오고, 본인을 설득해 보라고 한다. 문제가 발생하면 실무 담당자의 책임이지 본인의 책임이 아니라고 한다.

바지팀장은 결정력도, 문제 해결 능력도 바닥을 보여준다. 팀장의 결정력과 문제 해결 능력이 부족하면, 팀의 성과에도 영향을 미친다. 따라서 팀장은 빠르게 문제를 파악하고 적절한 결정을 내리는 능력을 갖추어야 한다. 이를 위해서는 다양한 정보 수집과 분석 능력 그리고 상황에 따른 최적의 방안을 찾는 능력이 필요하다. 또한 팀원들과의 소통과 협력도 중요하다. 팀장이 결정을 내리기 전에 팀원들의 의견을 듣고, 함께 문제를 해결 방안을 모색하는 것이 바람직하다.

문제가 발생해도 "뭐가 문제야?"라며, 업무 이해도가 떨어지는 바지팀장과 일하고 싶은 직원은 없다. 팀장이 업무 이해도가 떨어진다면, 그만큼 팀원들의 능력을 제한하는 결과를 초래할 수 있다. 따라서 팀장은 업무에 대한 이해도를 높이기 위해 노력해야 한다. 이를 위해서는 자신이 갖고 있는 정보와 지식을 공유하고, 팀원들의 의견을 듣는 것이 중요하다.

2) 본인이 왕이었다. 의사소통 제로

직원들이 꺼리는 팀장으로, 자신을 '왕으로 착각'하는 팀장들이 있다. 직원들의 의견을 무시하고 팀장을 왕의 벼슬처럼 생각하는 사람들이다. 의사소통 과정에서 직원들의 의견은 듣지도 않고 본인의 생각만 항상 옳다고 주장한다. 그런 팀장들은 직원들에게 상처가 되는 말도 무책임하게 내뱉는다. 이러한 태도가 직원들의 참여와 열정을 떨어뜨리는 결과를 초래한다.

팀장이 된 것, 팀장 자리에 앉은 것을 왕과 같은 지식과 힘(?)을 가졌다고 착각할 수도 있다. 하지만, 그것만으로는 팀의 모든 사항을 끌어나갈 수 없다. 독불장군이 이끄는 팀은 성공하지 못한다. 우리는 이러한 사례를 역사에서도 찾아볼 수 있다. 예컨대 조선시대 세종대왕의 토론정치에서 말이다.

세종실록(원년 8월 12일)에 따르면, 세종대왕은 왕으로 즉위하자마자 첫 일성이 "의논하자!"였다고 한다(박현모, 2008). 세종대왕이 지식과 권력(힘)이 부족해서 신하들과 논의하자고 한 것은 아닐 것이다. 우선, 지식과 힘이 있었으나 자신을 내려놓은 게 아닌가 싶다. 그리고 신하들을 존중해 주고 싶지 않았을까 한다. 마지막은 신하들의 의견을 들어봄으로써 자만심에서 내릴 수 있는 어리석은 판단을 줄이고자 함이라고 감히 판단해 본다.

직원의 의견을 무시하면서 자신만의 결정을 내린다면, 조직 내부의 갈등을 일으킬 수 있다. 또한 조직의 성과와 생산성에도 악영향을 미칠 것이다. 본인이 왕이라고 생각(?)한다 해도, 직원들에게는 조직의 일원일 뿐이다. 직원들의 의견을 고려하지 않는 것은 조직의 안전성과 성장 가능성을 위협하는 일이다.

따라서 본인이 왕이라 해도, 조직 내부의 다양한 의견을 고려하고 리더십을 발휘해야 한다. 또한 직원들도 자신들의 의견이 중요하게 생각되고 존중받는다는 느낌을 받을 때, 더욱 열심히 일하고 더 큰 성과를 이룰 수 있다. 세종대왕 이야기로 한 번 더 들어가 보도록 하자. 세종실록(31년 3월 29일)에 따르면, "모든 일은 위에 있는 사람이 비록 옳다고 할지라도, 아래 있는 사람이 마음속으로 그른 것을 알면, 윗사람에게 의견을 말하여 숨김이 없어야 마땅하다(박현모, 2008)."

이처럼 세종대왕은 신하들의 의견을 존중하고 귀 기울이는 리더십으로 유명했다. 그의 통치 철학은 오늘날의 공무원들에게도 큰 교훈이 될 수 있다. 특히, 여러 의견을 수렴하고 소통하는 것이 중요하다는 점을 강조하고 싶다. 팀장들이 세종대왕의 어록을 마음속에 새기며, 협력과 소통을 통해 더 나은 결정을 내리기를 바라 마지 않는다. 그가 남긴 지혜는 오늘날 공무원 사회에서도 여전히 빛을 발하고 있다.

3) 직원은 감정 쓰레기통이 아닙니다

직원들은 팀장이 예우는 아니더라도, 이성적으로 대해 주기를 바란다. 감정은 감정을 낳고 감정으로 돌아올 뿐이다. 팀장은 직원을 감정 쓰레기통으로 여기면 안 된다. 직원들은 사람이며, 감정이 있기 때문이다.

특히, 과장에게 아부하고 직원에게 강압적인 팀장은 조직에 큰 문제가 될 수 있다. 이러한 태도는 직원들의 창의성과 협력을 저해한다. 또한 팀에서 약하고 만만한 직원을 감정 쓰레기통으로 삼는 팀장도 있다. 예컨대 계약직, 내성적인 직원, 약하고 만만한 직원을 기분 풀이 대상으로 집요하게 괴롭히기도 한다. 이러한 상황을 누군가 뭐라고 하면, 팀장은 일에 대해 조언을 한 것이라고 변명한다. 다음은 어느 직원이 겪은 이야기다. 아마도 가슴이 찔리는 팀장이 있지 않을까 싶다.

"팀장님! 이번 주 업무 일정 어떻게 되나요?"
직원인 나는 팀장님께 물어보았다.
"왜 매번 물어보는 거야? 내가 너희들 일정 다 짜 줘야 하냐?"
나는 팀장님에게 혼만 났다.
"아니요, 그저 궁금해서 물어봤습니다."
나는 속으로 한숨을 쉬며 답했다.
"내가 일정 다 짜줄 필요 없잖아? 일만 잘하면 되는 거 아냐?"
나는 왜 혼나야 하는지도 모르겠다.

성격이 변덕스럽고, 기분을 종잡을 수 없는 팀장도 있다. 아침, 점심, 저녁 시시각각 기분과 성격이 변하고, 이에 따라 업무 지시도 일관성이 없어진다. 팀장이 직원들에게 감정을 다 드러내는 것이 옳은 것일까? 이는 상황에 따라 다르겠지만, 대체로 그렇지 않다고 생각한다. 팀장이 모든 감정을 드러내면 직원들은 불안해지고 혼란스러워질 수 있다. 또한 팀장의 감정에 따라 직원들이 각기 다른 방향으로 움직이면 조직의 효율성이 떨어질 수 있다.

팀장은 직원들이 감정적으로 안정되어 있어야 업무를 원활하게 수행할 수 있다는 것을 인지해야 한다. 따라서 팀장은 직원들의 감정을 존중하고 이해하는 자세를 가져야 한다.

4) 자신에겐 관대 직원에겐 엄격, 내로남불 팀장

직원들이 멀리하고자 하는 유형 중 하나로 내로남불 팀장들이 있다. 그들은 '자신에게는 너그럽게, 남에게는 엄격하게'를 몸소 실천하는 팀장들이다. 이들은 자기 자신에 대해서는 관대하면서도 직원들에게는 엄격한 기준을 들이밀며 직원들을 힘들게 한다.

내로남불 팀장은 가장 먼저 복무에서 찾아볼 수 있다. 본인은 근무시간 중 딴짓하기, 자리 비움, 생계형 초과까지 하면서 직원들이 그러면 득달같이 화내고 지적한다. 팀장 본인은

☛ **과장 A는**

○ 공무직 근로자 B에게 병가를 낸다는 이유로 사직을 권고하고,
○ 기간제 근로자 C에게 특별한 사유 없이 연가를 불승인하며,
○ 근로자 D에게 계약과 달리 임금을 적게 지급하고,
○ 위와 같은 근로자들에게 근무 중 욕설, 인격모독, 강압적 행동을 수시로 하였음.

※ 처분: 해임

출처: 공공분야 갑질 사례집, 국무조정실, 2020.

연가를 마음껏 쓰면서, 직원이 연가나 병가를 내려고 하면 이런저런 과거의 사건들을 들추어 가며 눈치를 준다. 위의 사례는 이런 일들이 실제로 일어나고 있는 우리 공직사회의 단상이다.

내로남불 팀장은 결재에서도 나타난다. 기분에 따라 결재도 자기 마음대로다. 본인의 기분에 따라 직원들 대하는 태도가 오락가락하며 결재권이 큰 권력인 것 마냥 칼처럼 휘두른다. 예를 들면, 초과근무 결재를 늦게 올린 직원에 대해서도 기분 좋을 땐 결재해 주고, 기분 나쁠 땐 늦게 올렸다고 결재를 안 해준다.

내로남불 팀장은 인격적으로도 전혀 상반된 태도로 임한다. 직원들에게는 본인한테 깍듯하게 예우를 갖추라고 요구하면서 본인은 직원들에게 막무가내다. 직원들에게 차마 입에 담기 힘든 인격 모독성 발언, 상처를 주는 언행도 일삼는다. 본인이 내뱉는 말과 행동에 문제가 있음을 전혀 인지하지 못한다.

일찍이 공자께서 내로남불에 대해 가르침을 주신 내용을 되새겨 보자. '궁자후이박책어인(躬自厚而薄責於人), 즉원원의(則遠怨矣)'. 『논어』「위령공편」 제15장에 나오는 공자의 말씀이다. "자신의 잘못에 대해서는 엄격하게 책임을 묻고, 타인의 잘못에 대해서는 관대하게 용서하는 것이 바람직하다."라는 뜻이다.

어떤 조직에서도 리더는 일관성 있게 행동해야 한다. 내면의 성격과 외적인 행동이 다르다면, 사람들은 그를 믿지 않게 된다. 그렇게 되면 조직 안에서의 신뢰도가 떨어지고, 업무 효율성도 떨어지게 된다. 따라서 팀장은 자신의 행동과 언어를 일관성 있게 유지하며, 팀원들과의 소통을 강화하여 조직 내의 긍정적인 분위기를 조성해야 한다.

5) 일 회피하는 팀장, 직원들은 싫어요

직원들의 기피 대상으로 손꼽히는 유형이 일을 회피하고 무책임한 팀장이다. 팀장은 일을 회피하지 않고, 문제를 해결하기 위해 적극적으로 나서야 한다. 그렇지 않으면 팀원들은 팀장의 리더십을 신뢰하지 않는다. 일을 회피하거나 무책임한 팀장은 그 자리에 앉을 자격이 없다. 이런 무책임한 팀장에는 몇 가지 유형이 있다.

우선, '나 몰라라형'이다. 이 유형은 본인이 팀장이라는 사실을 망각한다. 팀장이 무엇을 해야 하는지 알면서도 외면한다. 팀장은 팀원들의 멘토이자 지도자이며, 그들이 성장할 수 있도록 도와주는 역할을 해야 한다. 하지만 나 몰라라형 팀장은 그렇지 못하다. 사례를 통해 살펴보겠다.

예컨대 신규자로 공문 작성도 안 해 본 직원에게 총괄 사업계획서 작성을 지시한다. 계획서 작성도 어떤 지침이나 설명도 없이, "네가 알아서 해라" 한다. 작성된 계획서에 대해서는, "일일이 어떻게 알려 주냐"며 업무를 못 한다고 구박한다. 다른 팀장들이 옆에서 도와주라고 해도, "나는 더 힘들게 일했다"며 나 몰라라 한다. 보고 내용의 틀린 점이 아닌 본인의 요구에 따라 문장을 바꾸기를 여러 차례 반복하여 팀장의 요구대로 수정해서 보고하면, "내가 언제 이렇게 써 오랬느냐"며 다시 수정하기를 반복한다.

둘째, '무관심형'이다. 무관심형은 일명 방관자형이다. 팀장이라는 사실도, 팀장으로서 해야 할 임무와 역할도 잘 알고 있다. 하지만 생각과 마음이 딴 곳에 가 있는 유형이다. 그래서 팀장은 팀장의 본분이나 팀의 일, 팀원들의 업무에 관심이 없다. 오로지 출근하고 자리 지키고 퇴근한다. 하지만 몸과 마음은 동상이몽이다. 사례를 통해 살펴보겠다.

예컨대 퇴직을 얼마 남겨 두지 않은 팀장이다. 승진은 이미 물 건너간 지 오래다. 그렇다고 명예퇴직은 할 수 없는 상황이다. 그래서 퇴직 후를 위해 이것저것 자격증, 재테크, 운동 등 취미에 생각과 시간을 많이 할애한다.

이러한 퇴직을 앞두고 공부하는 팀장에게 팀원의 일은 무관심한 사항일 수 있다. 또한 문제가 발생하면 되레 팀원한테 어떻게 하냐고 물어본다. 생각과 고민도 해보지 않고 그냥 팀원한테 다 맡겨놓는다. 무엇을 물어봐도 도움을 구할 수 없다. 직원이 업무나 상황에 대해 잘 모르겠다고 정직하게 말하는데 그게 끝이다.

모든 일은 담당자가 책임져야 한다. 직원이 업무 상의를 해도 귀찮은 듯, 담당자가 알아서 법령도 찾고, 방법도 찾아보라고 한다. 마치 다른 부서, 다른 팀 직원의 '남의 일'처럼 대하는 무관심한 태도로 일관한다.

셋째, '무조건 회피형'이다. 이 유형은 일명 도망자형이다. 팀장이 해야 할 임무도, 경험도 많아 팀장으로서의 직분도 잘 알고 있다. 하지만 너무 잘 아는 나머지, 문제가 생길 소지나 조짐이 있을 것 같은 일에서는 도망치는 유형이다. 그래서 민원이나 비중이 있는 업무, 갑자기 발생하는 일은 무조건 벗어난다. 미꾸리처럼 빠져나가는 것이다. 역시 사례 하나를 들어보겠다. 후회와 뉘우침에 눈을 감고 싶은 팀장이 있을지도 모르겠다.

시끄러운 소동이 생겼다.
"동장 나오라고 해!"
진상 민원인이 또 한바탕 난리를 치고 있다.
무리한 요구로 고래고래 소리를 지른다.
담당자와 직원들이 진땀을 빼고 있다.
팀장님이 해결해 주길 바랐지만,

돌아오는 건 무관심, 묵묵부답.
마음을 토닥토닥 해주는 사람이라도 있었으면…….

도망자형 팀장은, 힘든 일이 있을 때 안 보인다. 직원들에게 악성 민원이 들어올 때마다 자리에 없다. 행사나 중요한 일이 있을 때, 교육을 가든지 자리를 많이 비워 직원이 업무상 조언을 받거나 결정할 일이 있을 때, 어려움을 겪는다.

도망자형 팀장들의 특징은 힘들거나 난감한 상황에 내 일 아닌 듯 알아서 하라며 도망친다는 것이다. 직원들이 곤란한 일이 발생하여 보고를 해도 답이 없거나 알아서 하라고 한다. 곤란한 상황이 발생하거나 머리 아픈 민원이 있을 때, 알아서 하라고 지시하고 그 상황을 모면하기 위해 자리를 벗어난다.

특히 민원인(진상인 경우)이 오면 급하게 어디론가 사라진다. 아니면 다른 일로 바쁜 척을 하며 담당자한테 떠맡긴다. 민원 혹은 윗선의 요구를 받으면 무조건 '예스(YES)맨'이고 뒤에 와서는 직원들을 닦달한다.

직원들에게 업무를 미루고 회피하는 팀장은 최악의 근무 상황이다. 정확히 어떤 업무인지 말 한마디 상의도 없이 담당하라고 지시부터 한다. 업무와 관련해서 민원인이 불만을 제기하며 팀장과 통화해서 직접 듣겠다고 화를 내고, 다른 직원들까지 시달리게 해도 전화 한번 받아주지 않는다. 오히려 담당이니 책임지고 해결하라며 화를 낸다. 또한, 업무와 관련된 질문을 하는 것 자체를 다 무시하고 본인한테 말하지 말라며 손사래를 치는 팀장도 있다.

넷째, '성과만 챙기기형'이다. 성과만 챙기기형은 일명 얌미운형, 밉상형이다. 팀장이 해야 할 임무나 역할은 의무 소홀이지만 상만 욕심내는 유형이다. 성과는 팀장, 책임은 직원의 몫이라는 식의 태도를 보인다. 팀장이라면 일도 회피하지 않고, 문제를 해결하는 능력도 필요하다. 하지만 그 무엇보다 팀장으로서 팀과 직원들에 대한 무거운 책임감이 필수적인 조건이다.

성과는 팀장이 챙기고 책임은 직원의 몫이라면, 직원들은 "내가 곰이니?" 하고, 되물을 것이다. 팀장이 지시한 일에 대해서 직원을 총알받이 삼아 일 처리 후 잘못되면 직원이 잘못 판단한 것이라 떠넘기고 이를 수습하면서 본인이 성과를 챙긴다.

성과는 팀장이 책임은 직원에게 돌리는 것은 좋지 않은 선택이다. 팀장은 팀원들을 지도하고 리더십을 발휘하여 팀의 목표를 달성해야 한다. 그러나 그 목표를 달성하는 데 기여한 팀원들에게 적절한 보상을 주지 않는다면, 그들은 팀을 떠나거나 더 이상 열심히 일하지 않을 것이다.

또한 일에 대한 성과는 팀원 모두가 함께한 노력의 결정체이다. 그것을 달성하는 것은 팀원들의 노력과 열정 덕분이다. 따라서 성과를 팀장이 가져가고 책임을 직원에게 돌리는 것은 공정하지 않은 일이며, 팀원들의 동기를 상실시킬 수 있다. 결국 팀장과 팀원 모두가 성과를 달성하는 데 기여한 만큼 보상과 책임을 공정하게 나눠야 한다.

팀장이 일을 회피하면 팀 전체의 생산성이 떨어지게 된다. 이는 팀원들의 동기를 약화시키고, 프로젝트의 진행에 영향을 미친다. 또한 팀장의 역할은 팀원들을 이끄는 것이며, 일을 회피하면 이를 이행하기 어렵다. 따라서 팀장은 적극적으로 일을 처리하고, 팀원들을 지원해야 한다. 이를 통해 팀 전체의 성과를 높일 수 있다.

6) 트집쟁이, 지적쟁이는 싫어요

직원들이 근무하기 꺼리는 유형 중 하나가 트집쟁이, 지적쟁이 팀장이다. 강한 리더십과 트집쟁이 리더십은 분명히 다르다. 전자는 조직을 효과적으로 끌어나가는 능력을 보여준다. 반면 후자는 자신의 의견만 있고, 본인의 생각만 실현하고자 고집한다. 이를 위해 자신의 권력을 주변에 강요하고, 타인의 의견을 존중하지 않는 경향이 있다.

트집쟁이 팀장은 지나치게 지시를 내리고, 다른 팀원들의 아이디어를 무시하며, 본인의 생각이 최고라고 생각한다. 이러한 팀장들 때문에 팀 분위기가 망가진다. 팀원들은 진심에서 열의를 가지고 일하는 것이 아니다. 어쩔 수 없이, 마지못해 일을 마치기 위해 할 뿐이다. 이 같은 상황은 다음 직원들의 대화를 통해서도 엿볼 수 있겠다.

팀원A: 요즘 일이 너무 힘들어. 팀장이 계속 트집 잡고 지적하면서 일을 시키는데, 이젠 진짜 지친다.

팀원B: 그렇다고 당황하지 마. 그냥 그게 그의 방식일 뿐이니까. 어쩌면 너를 성장시키기 위해서 그러는 건지도 모르잖아?

팀원A: 그게 성장시키는 건가? 난 오히려 매일매일 지치고 힘든데.

팀원B: 그래도 그건 결국 너 자신의 성장에 도움이 될 거야. 그러니 그냥 참고 일을 해야지 어쩔 수 없잖아?

팀장은 지적도, 지시도 필요하다. 다만, 지적하는 내용과 방법, 스킬이 뒷받침되어야 한다. 예컨대 사소하고 빈번하게 부리는 트집은 팀원들에게 스트레스를 유발할 수 있다. 직원들은 사사건건 트집 잡고 결재도 늦게 해주면서 중요 업무와 행사에서는 알아서 하라는 팀장을 좋게 볼 수 없다. 또한 담당자니까 어차피 결정은 네가 하라는 마인드도 매한가지다. 직원들은 띄어쓰기, 자간, 오·탈자 골라 트집 잡기 등의 체크도 좋지만 주요 업무의 방향과 추진 방법, 주의할 점 등도 신경 써주길 바란다. 이와 유사한 일들은 실제로 일어나고 있는 것이 현실이다.

☛ **부서장 A는**

○ 직원을 상대로 보고서에 오 · 탈자가 많다고 지적하던 중 A4용지와 볼펜을 회의용 탁자 위에 집어 던지고 인상을 쓰면서 “야! 너 ××× 같네. 한번 써봐” 등의 언행을 하였음.

※ 처분: 징계처분, 가해자 · 피해자 분리 및 사후 모니터링 등 조치

출처: 공공분야 갑질 사례집, 경기도, 2022.

팀장의 역할은 팀원들을 이끌고 동기를 부여하고 문제를 해결하는 것이다. 하지만 트집만 잡는 팀장은 이러한 역할을 제대로 수행하지 못한다. 팀원들은 자신들의 능력을 발휘하지 못하고, 사사건건 팀장의 지시에 따라 일을 처리하게 된다. 이러한 상황에서는 팀원들의 역량이 제대로 발휘되지 않을 뿐만 아니라, 팀장의 역할 또한 충실히 수행되지 않는다. 따라서 팀장은 팀원들의 능력을 인지하고, 그들의 역할을 잘 분배하여 팀원들이 능력을 발휘할 수 있도록 해야 한다.

7) 외모 평가는 칭찬이라도 싫어요

직원들이 기피하는 팀장 중 하나는 외모나 화장, 옷차림 등을 평가하는 팀장이다. 이런 팀장은 직원들에게 부정적으로 인식된다. 외모에 대한 평가는 직장 내에서 불필요한 긴장감을 초래하고 자존감을 저하시킬 수 있다. 팀장은 외적인 이야

기보다는 직원들과의 열린 대화를 통해 피드백을 받을 수 있는 환경을 조성해야 한다. 외모보다는 업무 능력과 성과에 집중하는 문화를 만들어 나가야 한다. 또한 팀원들 간의 협력을 강조하고 서로의 강점을 인정하는 분위기를 조성하는 것이 중요하다. 그리고 리더십과 인식 개선을 위한 교육을 통해 자신의 행동을 반성할 기회를 가질 필요가 있다. 이러한 접근을 통해 팀장은 직원들과의 관계를 개선하고 더 긍정적인 팀 환경을 만들 수 있을 것이다.

특히 팀장들이 주의해야 할 사항 중 하나가 외모와 관련된 얘기다. 예컨대 얼굴(화장)이나 의상과 관련한 칭찬이나 비하 얘기는 정말 조심해야 한다. 그리고 특정 여직원을 콕 찍어서 "너무 예쁘지 않냐?"는 얘기는 주변인들의 심기를 불편하게 한다. 또한 팀장 본인은 칭찬이라고 했지만, 받아들이는 직원의 입장에서 반대로 여길 수도 있다. 그리고 얼평이나 몸평은 곰곰이 생각해 보면 기분이 나쁜 말도 포함되어 있고 그걸 듣는 다른 직원들에게는 상대적 박탈감을 느끼게도 한다. 이런 일은 실제로 일어나는 사례다.

☛ **팀장 A는**

○ 직원들을 상대로 "정신 상태가 썩었다", "나이 들어 보이게 옷을 입는다"는 등의 말을 하고, 웃음소리를 지적하기도 하였음.

※ 처분: 전보(가해자와 피해자 분리)

☛ **팀장 A는**

○ 여직원을 상대로 "나랑 사귀는 것 어때?", "여자는 성형은 기본이지, 어디 했나?"는 등 발언을 하였음.

※ 처분: 정직 1월, 가해자 교육 및 피해자 상담조치

출처: 공공분야 갑질 사례집, 국무조정실, 2020.

따라서 팀장들은 직원들의 사생활을 존중하고, 필요한 경우에만 간섭해야 한다. 이렇게 하면 서로 간에 존중과 신뢰를 높일 수 있을 뿐만 아니라, 좋은 업무 환경을 조성할 수 있다.

8) 상사 바라기, '승진 왕'은 싫어요

직원들이 곱지 않은 시선으로 보는 유형이 상사 바라기 팀장이다. 팀장의 역할은 위로는 과장을 비롯한 상사, 아래로는 직원들 사이의 조화를 이루는 것이다. 여기에는 업무적인 부분과 인간적인 면, 그리고 직원들의 승진과 같은 인사 부분도 포함된다. 팀장이 직원들의 성과와 인사도 챙겨야 한다는 것이다.

승진에 눈이 먼 팀장은 본인의 승진만 생각하고 팀원들을

소홀히 한다. 그 결과 팀원들은 불만을 품고 일을 하며, 팀의 업적도 저하된다. 승진에만 관심 있는 팀장은 평상시 업무는 실무자가 알아서 해내야 한다고 생각한다. 본인 승진, 성과만 생각하는 팀장, 윗사람만 챙기고 아부하는 팀장은 자질이 부족하다. 어느 직원이 겪은 이야기를 사례로 들어 보겠다.

> 예전에 함께 근무한 어떤 팀장의 이야기다.
> "그는 승진을 위해 상사만 바라보고 직원들은 무시했어요. 그래서 직원들은 불만이 많았죠. 어느 날, 인사팀에서 팀장에게 승진 가능성이 높다는 전화도 왔었죠. 하지만 그 팀장은 일보다는 상사만 믿다가 승진할 기회를 놓쳤어요. 그 후로도 팀장은 상사만 바라보고, 직원들은 뒷전이었지요. 그래서 직원들은 휴직하거나, 불만을 노골적으로 표시도 했어요. 그 팀장은 어디에선가 승진했지만, 그가 미웠던 직원들은 그를 잊지 못할 거예요."

예컨대 어떤 팀장은, 업무 관련 지침과 규정과 예산·회계 부서의 지급 불가능한 수당을 부서장에게 본인이 챙겨드리겠다며 호언장담했다가 면박만 듣기도 했다. 상사만 잘 챙겨서 팀의 수당과 실적 가점, 표창을 우선 독차지하려는 마음은 놀부 심보보다 더하다.

팀장은 팀원들의 성장과 발전에 관심을 가져야 한다. 승진은 중요하지만, 그것이 전부가 되어서는 안 된다는 것을 알아야 한다. 팀원들이 성장하고 발전하면 팀 전체가 좋아지고 성과도 높아진다. 따라서 팀장은 승진을 위해서 팀원들을 이용하면 안 된다. 그들의 능력을 살려서 함께 성장하는 방향으로 나아가야 한다.

9) 결정장애는 버려야 할 병폐입니다

일을 하다 보면 일부 부서의 직원들 사이에서 팀장의 결정이 늦어져 일 추진을 못한다는 넋두리와 투정을 들을 수 있다. 팀장이 결정장애라는 것이다. 결정장애는 팀장이 중요한 결정을 내리는 데 어려움을 겪는 상황을 의미한다. 이는 다양한 원인으로 발생할 수 있다. 예를 들어, 한 팀장이 새로운 프로젝트의 방향성을 정해야 할 때, 팀원들의 의견을 수렴하는 과정에서 지나치게 많은 정보와 다양한 의견에 압도되어 결정을 내리지 못하는 경우가 있다. 이 과정에서 팀원들은 각자의 의견을 제시하고, 팀장은 그 의견들 사이에서 갈등을 느끼며 결국 결정을 미루게 된다. 이러한 상황은 프로젝트의 진행을 지연시키고, 팀원들을 혼란스럽게 만들어 비효율성을 초래한다.

또 다른 사례는 자원 배분에 관한 결정이다. 예를 들어, 한 팀이 여러 프로젝트를 동시에 진행하고 있을 때, 팀장이 어떤 프로젝트에 자원을 집중할지를 결정하지 못하는 경우가 발생할 수 있다. 이로 인해 팀원들은 각자의 작업에 대한 우선순위를 정하지 못하고, 결과적으로 자원의 낭비와 프로젝트 진행

속도의 저하가 나타난다. 이러한 결정장애는 팀원들 사이의 협업을 저해하고, 전체적인 성과에 부정적인 영향을 미치게 된다.

결정장애는 여러 가지 문제점을 초래한다.

첫째, 팀의 비효율성이다. 결정을 내리지 못하면 팀원들은 방향성을 잃게 된다. 이는 팀 업무의 우선순위를 불명확하게 만들어 비효율성을 초래한다. 팀원들이 서로 다른 방향으로 움직이게 되면, 결과적으로 팀 전체의 목표 달성이 어려워진다.

둘째, 팀원들의 사기 저하다. 팀장이 결정을 미루는 모습을 보면서 팀원들은 불안감을 느끼고, 이는 팀의 사기와 동기부여에 부정적인 영향을 미친다. 팀원들은 팀장이 결정을 내리지 못하는 모습을 보며 불안감을 느끼고, 이로 인해 팀워크가 약화될 수 있다.

셋째, 중요한 기회를 놓치는 위험이다. 결정을 내리지 못함으로써 중요한 기회를 놓치거나, 처리 기한을 놓치거나 넘기는 상황이 발생할 수 있다.

넷째, 팀원들과의 신뢰 상실이다. 팀원들은 결정 능력이 떨어진 팀장에 대한 신뢰를 잃게 되어, 팀의 결속력이 약화될 수 있다. 이는 장기적으로 팀의 성과에 부정적인 영향을 미치고, 팀 또는 부서의 유능한 인재 유출로 이어질 수 있다.

따라서 결정장애는 팀장이 의사결정을 내리는 데 어려움

을 겪는 상황으로, 이는 팀의 비효율성, 사기 저하, 기회 손실, 신뢰 상실 등 다양한 문제를 초래한다. 이를 극복하기 위해서는 팀장이 명확한 기준을 설정하고, 필요한 정보를 신속하게 수집하며, 때로는 과감한 결정을 내릴 수 있는 용기가 필요하다. 또한, 팀원들과의 원활한 소통을 통해 의견을 조율하고, 결정을 내리는 과정에서 팀원들을 포함시키는 것도 필요하다. 이렇게 하면 팀의 결속력을 높이고, 효과적인 의사결정을 통해 팀의 성과를 극대화할 수 있다.

10) 어디 사니? 집은 자가니? 이걸 왜 묻나요?

직원들이 기피하는 팀장 중 하나는 사생활에 관심 많은 팀장이다. 사생활은 지위 고하를 막론하고 누구에게나 중요하다. 팀장이 너무 많이 간섭하면 업무에 집중하기 어려워질 뿐 아니라, 불편함을 느끼게 된다.

물론 팀장으로서 팀과 직원들을 원만하고 원활하게 통솔할 책임과 역할이 있다. 하지만 그것이 한도를 초과하여 직원들의 개인적인 공간까지 선을 넘는 것은 안 된다. 예컨대, 다음 사례를 살펴보면, 요즘 직원들의 시각에서는 달갑지 않은 질문일 수 있다. 이제는 아무 생각 없이 질문하면 안 된다.

신규로 부서 배치를 받았는데 팀장들의 물음이 거침없었어요.
"어디 사니?", "자가니? 전세니? 월세니?", "부모님 직업은?"
저는, "아- 네!?" 뭐라 말할지 당황스러웠네요.
여기서 더 나아가 끊임없는 사생활 질문 폭격이 이어졌다.
"여자 친구 있니?", "남자 친군 뭐하니?", "언제 결혼할 거니?"
이건 뭐, 이런 걸 왜 묻는지. 팀장님 배우자가 얼마 버는지? 어디에 다니는지? 무얼 좋아하는지? 저도 물어본다면, 어떤 기분이 들까요?

현대사회는 개인 프라이버시를 중시하고 있다. 이는 공직사회라고 해서 다르지 않다. 특히 세대 차이가 나는 팀장과 신규 MZ세대 간에 이러한 일들이 종종 발생하여 사무실 분위기를 어둡게 만든다. 따라서 팀장들의 과한 사생활 침해는 직장에서 많은 사람들에게 심각한 문제로 다가올 수 있음을 인식해야 한다. 이러한 상황은 여러 가지 형태로 나타날 수 있으며, 그로 인해 팀원들은 불편함과 스트레스를 느끼게 된다.

예컨대 팀장의 과한 사생활 침해 사례로는 다음과 같은 것들이 있다.

첫째, 팀장이 퇴근 시간 이후나 주말에 소셜미디어를 통해 지나친 업무 지시를 하는 경우가 있다. 이런 일이 공직 사무실에서 실제로 종종 일어나고 있다 것이 우리의 공직사회의 단면이다.

☛ **과장 A는**

○ 직원을 상대로 퇴근 시간 이후 및 주말에 수시로 전화로 업무를 지시하고,

○ 결재 시 "잔머리 굴리지 말라", "건방떨지 마라"고 하거나, 임신한 여직원에게 "배불뚝이", 정시 퇴근하는 직원에게 "땡순이" 등의 발언을 하였음.

※ 처분: 감봉 3월

출처: 공공분야 갑질 사례집, 국무조정실, 2020.

둘째, 팀원의 개인적인 문제나 사생활에 대해 지나치게 사적인 질문을 하여 불편함을 느끼게 하는 경우다.

셋째, 팀원의 사무실 밖에서의 가족이나 친구 관계에 대해 지나치게 물어보는 행위가 있다.

넷째, 팀원의 화장이나 외모, 특정한 신체나 옷차림에 대

☛ **부서장 A는**

○ 여러 부서 직원이 모여 있는 근무지 승강기에서 특정 직원의 신체를 빗대어 모욕적인 발언을 하고,

○ 공무 국외출장 중인 직원에게 면세담배를 사 줄 것을 요구했으며,

○ 보고서를 수차례 수정 · 반려하여 담당직원이 사업진행에 차질을 염려해 불면증, 스트레스 등으로 인해 심리검사 결과 '심각단계'를 통보받음.

※ 처분: 징계처분, 직원 대상 교육사례로 활용

출처: 공공분야 갑질 사례집, 경기도, 2022.

해서 자주 언급을 하는 경우가 있다. 이와 유사한 사례가 실제로 있었다. 정말 마음 한편에 찔리는 팀장이 있을 것이다.

마지막으로, 사무실 내에서 팀원의 개인 공간에 허락 없이 들어가거나 개인물품을 무단으로 확인하는 경우도 있다.

이런 행동은 팀원의 개인 성향에 따라 불쾌감을 주고, 개인의 프라이버시를 존중받지 못하는 느낌을 주어 심리적인 부담을 가중시킨다. 이로 인해 팀원들은 팀장과의 신뢰 관계가 약해지거나, 업무에 집중하기 어려워지는 등의 부작용을 경험할 수 있다. 더 나아가, 이러한 불만이 쌓이면 팀 내 분위기가 악화되고, 팀원 간의 협력에도 부정적인 영향을 미칠 수 있다. 이와 같은 상황을 해결하기 위해 몇 가지 방법을 고려해 볼 수 있다.

첫째, 팀장과의 솔직한 대화가 필요하다. 개인적으로 불편한 감정을 직접 표현하는 것이 중요하다. "저는 개인적인 질문을 받는 것이 불편하게 느껴집니다."와 같은 방식으로 자신의 입장을 분명히 하는 것이 좋다.

둘째, 팀원들과 함께 사생활에 대한 규칙을 설정하는 것도 도움이 될 수 있다. 서로의 경계를 존중하고, 업무 외 시간에는 개인적인 질문을 자제하기로 합의하는 등의 노력이 필요하다.

셋째, 만약 상황이 개선되지 않는다면 인사팀이나 상위관리자에게 상담하는 것도 고려해 볼 수 있다. 공식적인 경로를 통해 문제를 해결하는 것이 중요하다. 이를 통해 보다 건강한 직장 문화를 만들어갈 수 있다.

마지막으로, 개인적인 스트레스를 관리하는 방법도 중요하다. 운동이나 취미 활동, 친구와의 대화 등을 통해 마음의 부담을 덜어보는 것이 필요하다.

따라서 팀장의 과한 사생활 침해는 직장 내에서의 관계를 복잡하게 만들 수 있다. 하지만, 자신의 경계를 분명히 하고 건강한 소통 문화를 만들어 가는 노력을 통해 이를 극복할 수 있다. 모두가 존중받는 환경이 조성되는 것이 가장 중요하다. 이를 위해서는 팀원들 간의 협력과 이해가 필수적이다.

한 줄 의견 추가

- 기본 근태 관리도 안 되는 팀장
- 애정 결핍이 있는 못난이 팀장
- 회식 참석을 강요하는 팀장
- 업무 시간 유튜브 시청 → 평일 · 주말 초과근무 팀장
- 체면도 없음 & 의지도 없음 팀장
- 무슨 일이든 결정장애가 있는 팀장
- 쪽지라는 폭탄을 투하하는 팀장
- 과하게 사생활을 침해하는 팀장

4장

팀장에게 팀장의 길을 듣다

04 팀장에게 팀장의 길을 듣다

본 장은 이 책의 주인공이라고 할 수 있는 공무원 팀장에 관한 이야기다. 공무원 조직에서 팀은 최말단에 해당한다. 피라미드 조직의 최하부, 기단(基壇)이라고 할 수 있다. 그리고 팀장은 그런 팀을 책임지고 이끄는 역할을 한다. 따라서 팀장은 공무원 조직에서 매우 중요한 직책이다. 어떤 건물이든 최하부가 튼실해야 한다. 기단이 흔들리면 그 건축물은 오래가지 못하고 무너지기 때문이다.

특히 공무원 조직의 변화를 위해서는 말단 조직인 팀부터 바르게 변화해야 한다. 또한 팀의 업무가 성공하고 발전하려면, 팀장부터 바람직하게 바뀌어야 한다. 팀장은 팀을 이끄는 중심이다. 조직 내의 문화와 분위기를 결정하는 역할을 하기 때문이다. 따라서 공무원 팀장을 올바르게 인도하는 마음으로

이 장을 마련하였다.

여기서는 팀장들이 어떤 일을 하고, 무엇을 하고, 무슨 역할을 해야 하고, 필요한 리더십과 가치관은 무엇인지, 그리고 어떤 철학을 가져야 하는지에 대한 해답이다. 팀장들 스스로가 생각하고 제시하는 베테랑 팀장에 대한 모범답안을 담고자 한다. 아래로는 직원들이 바라는 바람직한 팀장의 모습을 기술하고자 한다. 또한 위로는 과장과 국장들이 원하는 올바른 팀장의 자세도 그려보려고 한다.

제4장은 수원시 박물관사업소, 장안구청, 권선구청, 팔달구청, 장기교육자(1년), 도시재단 팀장들 81명에게 받은 주관식 설문을 토대로 작성하였다. 우선, 팀장이 기본적으로 갖추어야 하는 '기본자질과 준비역량'에 대해 제시한 후 팀장이 관리해야 할 '직원 관리', '조직 관리', '팀업무 관리', '민원 관리'에 대한 기술에 대해 논하고자 한다. 팀장은 중간 입장이다. '팀원과 과장과의 조정 방법'과 '과장과 좋은 관계 유지 방법'에 대해 설명하도록 하겠다. 아울러 팀장들이 크고 작은 일로 인한 스트레스에서 자신을 지키기 위한 '자기관리' 노하우에 대해 제안하고자 한다.

또한 팀장들이 요즘 신경을 써야 부분의 하나가 조직 내 갑질문화다. MZ세대와의 문화 차이로 갈등이 빚어지는 상황도 있겠지만 팀장들의 잘못도 많다. 팀장들이 근무 현장에서 실수하기 쉬운, 직원들이 생각하는 갑질 관련 사례들을 들면서 이해도를 높였다. 갑질 사례는 국무조정실과 경기도의 「공공기관 갑질 사례집」의 내용을 소개하여 실제 있었던 일들로 현실감을 보탰다.

마지막으로, 다산 정약용에게 배우는 리더십을 준비하였다. 다산 정약용이 조선시대의 저명한 실학자이자 청렴의 대명사라는 것은 익히 알고 있을 것이다. 그의 리더십은 여러 측면에서 많은 교훈을 주고 있다. 다산은 깊은 학문적 지식을 바탕으로 많은 정책을 제안했다. 리더는 지속적으로 배우고 성장해야 함을 강조한다. 그는 이론보다는 실제 적용 가능한 정책을 중시했다. 리더는 현실적인 해결책을 제시해야 한다.

또한, 다산은 백성과의 소통을 강조하여 좋은 리더는 다양한 의견을 듣고 반영해야 한다고 믿었다. 그는 도덕적 기준을 중요시하였으며, 리더는 올바른 가치관을 가지고 행동해야 한다는 것을 보여주었다. 다산은 변화하는 시대에 맞춰 자신의 생각을 발전시켰고, 리더는 변화에 적응하고 혁신해야 한다는 점을 강조했다. 이러한 요소들은 오늘날에도 여전히 유효한 리더십의 원칙으로 많은 이들에게 영감을 주고 있다.

1. 팀장이 가장 먼저 해야 할 일은?(준비 자세)

1) 나무가 아닌 숲을 보는 팀장이 되자(리더십)

팀장들 스스로 가장 먼저 해야 할 일을 리더십으로 꼽았다. 공무원 조직에서 팀장의 리더십은 매우 중요하다. 지레 겁부터 먹을 필요는 없다. 누구나 처음부터 베테랑 팀장은 아니다. 멘토를 알아두고 어느 정도 기간까지 자문과 조언을 구하자. 누구나 새로운 일을 시작할 때, 항상 선배나 베테랑에게 조언을 구하곤 한다. 실수가 부끄러운 건 아니다. 창피한 것은 실수를 반복하는 일이다. 베테랑들도 새로운 것을 시도하며, 경험과 노하우를 충분히 쌓아가면서 성장하는 것이다.

팀장의 위치는 직원이 아니라는 것을 깊게 호흡하고 인식하자. 직원일 때처럼 일에 덤비지 말자는 얘기다. 모든 일을 내가 하려고 하지 말자는 얘기다. 팀장이 모든 일을 한다면, 팀원들은 자신들의 역할을 잃는다. 또한 팀장이 일에 파묻히면, 팀원들의 능력을 제대로 파악하지 못하고 그들에게 적절한 일을 맡기지 못한다.

아울러 팀장이 모든 일을 한다면 스트레스가 쌓이고 리더십도 저하된다. 따라서 팀장은 팀원들의 능력을 살펴보고 그들의 강점을 활용하여 효율적으로 일을 분담해야 한다. 팀장의 역할은 단순히 팀원 각자의 업무와 임무를 부여하고 관리하는 것만이 아니다. 팀원들의 역량을 파악하고, 그들의 장점을 살려 업무를 분배하는 것도 중요하다.

특히 팀장의 위치에서는 나무 하나하나를 보는 것이 아닌 전체적인 숲을 보는 시각이 필요하다. 업무적인 면은 팀원들 개별 업무도 중요하지만, 조직 전체의 목표와 비전, 정체성에 중심을 두고 일을 진행해야 한다. 직원에 대해서도, 공적인 부분이나 팀 전체 직원이 참여해야 하는 일에 대해서는 개별적 행동을 줄여야 한다. 어느 한 직원을 무시하라는 것은 더욱 아니다. 직원들을 이해시키고, '원팀'을 만드는 것이 팀장의 리더십이다. 이러한 팀장의 리더십을 보인다면, 팀원들은 더욱 적극적으로 참여하고, 조직의 성과를 높일 것이다.

2) 직원들의 롤모델이 되자[신언서판(身言書判)]

팀장들이 승진하고 나서 하나같이 하는 얘기가 있다. 어떻게 행동해야 할지 모르겠다는 것이었다. 팀장은 직원이 아니므로 직원의 모습에서 변해야 한다. 마치 애벌레가 나비가 되려면 우화를 거치듯이 말이다. 마음가짐, 몸가짐, 행동거지부터 달라져야 한다. 우선 마음가짐이다. 직원일 때의 생각과 사고를 과감히 버리고, 리더의 마음으로 새롭게 다잡아야 한다.

다음은 몸가짐, 즉 복식이다. 옷의 꾸밈새가 뭐 그리 중요하나 싶지만 그렇지 않다. 전통적으로 살펴봐도 통과의례 때마다 의복은 달라진다. 옷을 적절하게 입는 것은 내가 만나는 사람들에게 예의를 지키는 것이다. 예를 들어, MC들이 행사에 따라 옷을 맞춰 입는 것도 관객에 대한 예의다. 또한 행사와 격식에 맞게 옷차림을 갖추는 것은 '준비가 되어 있다'는 신뢰를 주는 효과가 크다.

끝으로 행동거지다. 팀장의 일거수일투족—어투, 자세, 과장에 대한 예—을 항상 직원들이 바라보고 있다. 팀장의 행동은 직원들에게 본보기가 되고, 다시 직원들을 통해 팀장에게 돌아온다.

특히 팀장들이 조심해야 할 것이 말, 어투다. 팀장들은 일반 직원이 아니라 리더의 자리에 있다. 말을 함부로 해서 직원들을 상처입히거나, 주위 사람들에게 큰 실망을 안겨주지 말아야 한다. 말은 마음의 표현이다. 말의 수준은 곧, 그 사람의 마음 상태, 심성의 수준이나 품격이다. 선조들이 '신언서판(身言書判)'을 사람의 판단 기준으로 삼았던 것도 그래서다.

'신언서판(身言書判)'은 사람의 품성을 평가하는 중요한 기준으로, 각 요소가 서로 연결되어 있다. '신'은 행동을 '언'은 말을 그리고 '서'는 글을 '판'은 판단을 의미한다. 선조들은 이 네 가지를 통해 사람의 진정성과 신뢰성을 판단할 수 있다고 여겼다. 선조들은 이러한 기준을 통해 사회에서의 인품과 도덕성을 중시했다.

따라서 팀장은 선조들의 이러한 모습을 교훈 삼아 직원들의 롤모델이 되도록 힘을 기울여야 한다. 이 말은 직원들이 팀장의 모습을 보고 배우며 성장한다는 것을 의미한다. 팀장은 언제나 전문성과 리더십을 보여주어야 하며 동시에 직원들의 존경을 얻을 수 있도록 노력해야 한다.

3) 팀의 내비게이션 역할을 하자(업무알기)

팀장들은 부임 후 '업무 파악'을 최우선으로 챙길 것이라고 한다. 당연한 일이다. 팀장은 팀의 내비게이션, 가이드가 되어야 한다. 팀의 주요 업무가 무엇인지, 목표가 무엇인지, 명확하게 설정하고, 이를 달성하기 위한 전략도 세워야 한다. 또한 실패에 대한 대처방안 또는 차선책에 대해서도 준비해야 한다.

팀장이 팀의 내비게이션 역할을 하기 위해서 먼저 할 일이 있다. 팀이 '어떤 곳인지', '어떤 일을 하는 곳인지', '어떤 방향으로 가야 할 것인지'를 알아야 한다. 그리고 여기서 '팀장이 할 일은 무엇인지', '어떻게 할지'도 생각해야 한다.

가장 먼저 팀이 어떤 곳이고, 어떤 일을 하는지 파악해야 한다. 그러면 팀의 성과와 인적 관계를 적절하게 관리하고 지휘할 수 있다. 또한 팀의 기본 현황과 관련 법규, 단체장의 공약사업, 핵심 업무를 숙지해야 한다. 특히 민선 이후에는 공약사업의 중요도가 높아져, 면밀하고 심도 있게 알아야 한다. 이를 통해 팀의 목표 설정과 달성에도 근접할 수 있다. 팀장이 팀의 성격과 문제점을 파악하고 이를 해결하는 능력을 갖추면, 팀의 성과도 더욱 향상된다.

다음으로 팀의 현 상태를 진단하고, 팀이 어떤 방향으로 가야 할 것인지를 결정하고 방향 제시를 해야 한다. 팀장의 역할 중 가장 중요한 일이다. 이것은 단순히 목표를 설정하는 것만으로 끝나지 않는다. 팀원들의 능력과 역할을 고려하여 계획을 수립하고 실행해야 한다. 팀의 방향성은 공약사업, 핵심 업무의 진척도와 밀접하다.

끝으로 팀의 일반 업무 처리, 조직 생활 등 전반적인 영역에서의 내비게이션이 되어야 한다. 끊임없이 직원들과 소통하며 업무 진행 상황이나 문제점들에 대하여 적절한 코칭과 피드백을 제공해야 한다. 제시간에 업무를 완료할 수 있도록 관심을 가지고 독려해야 한다. 만일 스스로 처리가 안 되거나 어려운 부분은 함께 해결할 수 있도록 팀원들과 협동해야 한다. 때에 따라 팀장이 적극적으로 개입하여 처리하고 위기나 어려운 점을 극복할 수 있도록 해야 한다.

4) 팀에는 놀 줄 아는 광대도 필요하다(직원 알기)

팀장들이 근무지에 발령되어 제일 먼저 할 일로 손꼽는 것은 직원들 파악이다. 팀장은 팀 소속 직원들을 통솔하고 이끄는 책임자이다. 소속 직원들의 역량 그리고 강점과 약점 파악은 기본이자 필수다. 팀장은 직원들에 대해 '능력', '성격', '한계', '특성과 특기' 등 네 가지를 알아야 한다.

먼저, 직원들에 대해 알아야 할 것은 '능력'이다. 즉, 업무능력을 파악해야 한다. 이를 기반으로 팀원들의 업무에 대해 균형 있게 사무분장을 할 수 있다. 팀원들이 제대로의 능력 발휘를 하지 못하면 팀의 업무 성과도 저하된다.

두 번째는, 팀원들의 '성격'이다. 성격을 알아야 하는 이유는 직원들과의 의사소통을 원활하게 하기 위해서다. 누구는 남들보다 출근이 늦고 이해도 늦다. 누구는 이해가 빠르고, 한 번의 지시로 해결된다. 팀장은 이러한 차이점을 이해하고 각각의 직원에게 최적화된 지시를 할 수 있어야 한다. 또한 성격이 다른 직원들끼리 갈등이 생길 경우, 팀장은 이를 중재하고 해결해야 한다. 팀원들의 성격을 잘 파악한다면 효율적인 갈등 해소가 가능하다.

세 번째로, 직원들에 대해 알아야 할 사항은 '한계'다. 직원들의 체력, 질환 등을 파악하고 팀장은 그에 맞는 업무분장과 지도를 함으로써 팀원들이 최고의 성과를 내도록 돕고 지원해야 한다. 팀장과 팀원이 서로 신뢰하며 존중하고 협력하여 목표를 달성할 수 있는 환경을 만들어 나가는 것이 팀 성공의 핵심이다.

끝으로 알아야 할 사항은 직원들의 잠재력, 특성과 특기다. 팀장에게는 직원들 가운데 놀 줄 아는 광대도 필요하다. 반복되는 업무와 민원으로 직원들은 늘 스트레스 받는 상황이다. 광대처럼 놀 줄 아는 팀원은 이럴 때, 사무실 분위기를 바꿔준다. 따라서 팀장은 직원들의 특성과 특기를 잘 파악하고, 이를 적극적으로 살려서 팀의 성과를 높이도록 노력해야 한다.

5) 과장의 업무 스타일을 파악하자(과장 알기)

팀장들이 우선해서 해야 할 일로 손꼽는 것이 과장의 성향을 아는 일이다. 과장은 부서의 총괄책임자이며, 결정자이다. 따라서 팀장이 과장의 업무 스타일을 이해하고 지원해 주지 않으면 팀 전체의 성과에 악영향을 끼칠 수 있다. 때문에 과장의 업무 스타일과 강점과 약점을 파악하는 것은 매우 중요하다.

우선, 과장의 업무 스타일이다. 과장의 업무 스타일이 중요한 이유는, 팀 업무 추진의 결정권 그리고 성과와 직결되기 때문이다. 따라서 팀장은 과장의 업무 스타일을 파악해야 한다. 그리고 원활한 업무 추진을 위해서 과장이 필요로 하는 사항을 지원하고 제공해야 한다. 팀의 업무 계획 수립 시 과장이 원하는 방향으로 계획서가 도출될 수 있도록 하는 것이 빠른 업무 처리에 도움이 된다. 과장이 최고의 선택을 할 수 있도록 자료를 작성하고, 정확한 데이터와 근거자료를 제공해야 한다.

다음, 과장의 강점과 약점 파악이다. 과장의 약점을 보완하고 강점을 살려 팀의 더 나은 성과를 이룰 수 있다. 과장의 약점을 파악하여 보완하고, 강점은 더욱 개선할 수 있도록 도와주는 것도 팀장의 역할이다. 또한 팀장은 과장과의 원활한 커뮤니케이션을 통해 팀 전반의 업무 프로세스를 개선하고, 성과를 높여야 한다.

6) 내로남불의 대상이 되지 말자(솔선 복무)

팀장들이 하지 말아야 하는 역할이 내로남불이다. 자신은 하지 않으면서 직원들에게 시키거나 자신은 지키지 않으면서 지키라고 하는 일이다. 전자는 업무와 관련이 있고, 후자는 복무와 관련이 있다.

우선, 전자인 업무 얘기부터 해보자. 팀장이 일하지 않는다면 직원들은 불만을 가질 것이다. 팀장이 일하지 않으면서 일하는 척을 하거나 직원들에게 일을 시킨다면 직원들의 불만은 더욱 쌓일 것이다. 직원들은 팀장이 업무에 적극적으로 임할 뿐 아니라 직원들에게 도움을 주어야 신뢰하고 따른다. 따라서 팀장은 일도 열심히 하면서 직원들을 지원하고 팀에 기여가 될 수 있는 길을 찾아야 한다.

다음, 후자인 복무 얘기다. 주로 출·퇴근, 초과근무, 휴가 등이 대상이다. 팀장은 이러한 복무와 관련된 일들을 책임지는 사람 중 하나이다. 그러므로 팀장의 모든 행동이 다른 팀원들에게 큰 영향을 미치며, 팀장이 모범을 보여준다면 다른 팀원들도 그에 맞춰 더 높은 수준의 업무와 자세를 취할 것이다.

요즘은 출·퇴근에 있어서 유연근무제 등 다양한 복무가 시행되고 있다. 따라서 팀장은 직원들의 복무와 조건들에 더 신경을 쓰고 잘 관리해야 한다. 출·퇴근 등은 공정하게 결정해야 한다. 특별한 사유가 없는 한, 이들을 무단으로 조작하거나 무시해서는 안 된다.

팀장은 초과근무를 강요해서도 하지 못하게 해서도 안 된다. 특히, 자신은 매일 일찍 퇴근하면서도 불필요한 초과근무 압박감을 주는 말은 정말 농담이라도 하지 말자. 하지만 팀장이 팀원들의 상황을 이해하고, 그들과 함께 일하며, 초과근무에 동참을 권한다면 다를 것이다. 다음은 팀장의 초과근무와 관련하여 실제로 있었던 갑질의 경우다. 얼굴이 화끈거리는 팀장들도 있을 것이라고 생각한다.

> ☛ **팀장 A는**
> ○ 직원을 상대로 결재 중 업무가 미숙하다는 사유로 지속적으로 폭언을 하고,
> ○ 초과근무 결재를 상신하지 못하게 하거나 건강검진을 위한 공가 신청에 대해 허가를 하지 않았음.
> ※ 처분: 징계처분

출처: 공공분야 갑질 사례집, 경기도, 2022.

특히 팀장들은 직원들의 연가, 조퇴에 대해 묻지도 따지지도 말자. 이는 팀장으로서의 책임감과 리더십을 보여주는 행동이다. 직원들도 사적인 일이나 사정으로 조퇴나 연가를 신청할 수 있다. 연가를 사용할 권한이 있다. 팀장이 이를 묻지도 따지지도 않고 수용해 주는 것은 직원들에 대한 배려와 신뢰를 보여주는 일이다. 믿기 어렵겠지만 그렇지 못한 이런 일이 실제로도 일어나고 있는 것이 우리 현실이다.

> ☛ **팀장 A는**
> ○ 특정 직원을 상대로 "한 것도 없으면서 무슨 연가를 가겠다는 거냐"며 연가를 사용하지 못하게 하고, 다른 팀원들이 있는 자리에서 "내가 결재 안 하면 못 가는 거지"라고 말하며 팀원들의 연가 사용에 부담을 줌.
> ※ 처분: 주의

출처: 공공분야 갑질 사례집, 국무조정실, 2020.

다산(茶山)에게 배운다

리더의 준비 자세

다산 정약용은 조선시대 관료이다. 오늘날 공무원들에게는 선지자이자 리더십의 대가이다. 그의 사상과 철학은 이루 설명을 다할 수 없겠다. 다산이 추구하는 중요 사상을 굳이 들자면 두 가지로 요약할 수 있겠다. 우선, 지식과 실용의 조화이다. 다산은 학문과 실용을 결합하여 사회 문제를 해결하려고 했다. 현대 사회에서도 이론과 실천을 조화롭게 접근하는 것이 중요하다. 다음은 사회적 책임이다. 다산은 개인의 이익보다 사회 전체의 발전을 중요시했다. 현대인도 자신의 행동이 사회에 미치는 영향을 고려해야 한다. 다산 사상은 현대 사회에서 인간, 사회, 환경을 아우르는 균형 잡힌 접근을 통해 더 나은 미래를 만들어가는 데 중요한 교훈을 제공한다.

다산의 『목민심서(牧民心書)』는 12강(綱) 72조(條)로 구성된 목민관(牧民官, 오늘날의 시장·군수)이 백성을 다스리는 방법을 알려주는 지침서다. 또한 관료와 아전들을 관리하는 리더십을 제시하는 매뉴얼이기도 하다. 『목민심서』의 제1강 부임(赴任) 6조(條)는 목민관으로 부임하면서 여러 가지 갖춰야 하는 일들에 대해 설명하고 있다. 리더십을 갖춘 준비자세로 볼 수 있겠다.

오늘날 팀장 리더들이 온고지신(溫故知新)의 정신으로 본받고 교훈으로 여길 수 있는 몇 가지를 들어보고자 한다. 첫째, 선임 리더에게 배워야 한다는 점이다. 다산은 『목민심서』 제1강 부임 6조의 제4조 계행(啓行, 부임 행차)편에서 '역입관부(歷入官府), 의종선지자(宜從先至者)'라고 가르치고 있다. 이를 현대적으로 해석하면, '먼저 발령받은 선임 팀장의 말을 귀담아 들어야 한다'는 말이다. 먼저 발령받은 선임 팀장을 통해 선임 팀장이 선점하고 있는 경험과 지식을 얻을 수 있다. 선임 팀장은 해당 분야에서 쌓은 경험과 지식이 풍부하다. 그들의 조언은 실질적인 도움이 될 수 있다. 또한 앞으로 맞이할 업무 이해도를 향상시킬 수 있다. 선임 팀장이 제공하는 정보는 업무의 방향성과 목표를 이해하는 데 큰 도움이 된다. 이를 통해 더 효과적으로 업무를 수행할 수 있다.

둘째, 소관 업무와 이에 대한 마음의 준비가 필요하다는 것이다. 다산은 『목민심서』 제1강 부임 6조의 제5조 상관(上官, 부임관청의 첫 출근)편에서 '목연단좌(穆然端坐) 사소이출치지방(思所以出治之方), 관엄간밀(寬嚴簡密) 예정규모(預定規模), 유적시의(唯適時宜) 확연이자수(確然以自守)'라고 조언하고 있다. 이를 해석하면, '조용히 단정하게 앉아서 시민을 위한 업무 방도를 생각해야 한다. 너그럽고 엄정하고 간결하고 치밀하게 규모를 미리 계획하여 시의(時宜)에 알맞도록 하고, 스스로 굳게 지켜나가야 한다'는 말이다. 리더로서 준비해야 할 일과 마음의 준비자세에 이르기까지 중요시하는 대목이라고 할 수 있겠다.

셋째, 일에 대한 일정표와 추진 계획표를 작성해야 한다는 것이다. 다산은 『목민심서』 제1강 부임 6조의 제6조 이사(莅事, 출근 첫 업무처리)편에서 '시일 작적력소책(是日 作適曆小册), 개록제당지정한(開錄諸當之定限) 이보유망(以補遺忘)'이라고 후배 리더들을 지도하고 있다. 이를 해석하면, 부서(팀)별로 해야 하는 일이 있을 것이고 또한 이러한 일들은 당연히 추진 과정이 있을 것이다. 이에 대해 월별 및 일자별 진행 진도를 기록하면서 관리하라는 것이다. 이러한 추진 계획표는 팀의 효율적인 관리와 업무 추진을 위해 중요하고 반드시 필요하다.

우선, 팀에서 해야 할 업무를 목록으로 작성하는 것이다. 이때 우선순위를 정하고, 각 업무의 목표와 기한을 명시해야 한다. 다음은 월별,

일자별로 업무 추진 일정을 설정해야 한다. 각 업무의 시작일과 마감일을 명확히 하여 진행 상황을 쉽게 파악할 수 있도록 한다. 이어서 작성된 일들에 대하여 매일 또는 매주 진행 상황을 기록한다. 완료된 업무, 진행 중인 업무, 지연된 업무 등을 구분하여 진도표를 기록하면 좋겠다. 마지막으로, 정기적인 회의나 담당자 면접을 통해 진도를 점검해야 한다. 이를 통해 문제점을 조기에 발견하고 필요시 조치를 취할 수 있다.

이런 방식으로 체계적으로 관리하면 각 부서의 업무 추진 상황을 명확히 파악하고 효과적으로 대응할 수 있다. 다산 정약용 선생의 200여 년 전 리더십 교훈은 오늘날 공직 팀장에게 적용해도 손색이 없음을 보여주고 있다.

2. 직원 관리의 비법과 권장 사항(직원 관리)

1) 역지사지(易地思之) 마음으로 다가가자(규칙 지도)

팀장의 역할 가운데 가장 중요하고 또 힘든 일은 아마도 직원들 관리일 것이다. 직원 관리는 그야말로 팀장이 가장 많은 에너지와 노력을 기울여야 하는 부분일 것이다. 따라서 팀장들은 직원들을 잘 관리하고, 가르치고, 지도해야 한다. 팀장의 지도 내용은 '조직의 규칙', '업무 능력', '직장 예절', '직원 관리', '윤리적 가치와 태도', '소통과 협업', '리더십' 등 다양하다. 이 가운데 여기서는 조직의 규칙과 업무 능력만을 주로 다루겠다.

우선, 팀장이 직원 관리에 있어서 가장 중요하게 신경 써야 할 것이 있다. 다름 아닌 역지사지(易地思之)의 마음을 갖는 것이다. 팀원들이 잘 모르거나 어려움을 겪고, 힘들 때마다 팀장은 그들의 시각에서 생각해야 한다. 팀장이 단순히 지시만 내리는 것이 아니라 업무에 대한 어려움과 불만을 듣고 함께 해결해 나가는 것이다. 그리고 그 과정에서 팀장이 직원이었을 때 느꼈던 감정을 공감하고 이해한다면, 팀장은 더 나은 리더가 될 수 있다.

팀장의 직원 관리에서 가장 중요한 것이 조직의 규칙을 인식시키는 일이다. 조직의 규칙은 조직을 살아 움직이게 하는 하나의 시스템이다. 팀장은 이러한 규칙들을 직원들에게 가르쳐야 한다. 이 규칙들은 조직의 안정성과 직원들의 안전을 보장하는 데에 큰 역할을 한다. 또한 규칙을 잘 이해하고 따르는 직원들은 조직 내에서의 협력과 원활한 업무 진행에도 도움이 된다. 따라서 팀장은 규칙을 잘 이해하고 직원들에게 명확하게 가르치는 것이 중요하다.

다음으로, 팀장이 직원 관리에서 힘써야 할 것이 업무 능력이다. 직원들이 탁월한 업무 능력을 갖추어야만 팀의 발전과 성과가 가능하다. 하지만 능력만 갖춘다고 모든 것이 해결되지는 않는다. 팀장은 직원들에게 업무 능력과 함께 직장 예절, 소통과 협업 등도 지도해야 한다. 따라서 팀장은 업무능력

지도를 통해 직원들의 능력을 키워주고 더 나은 조직 문화를 만들어야 한다.

2) 팀장님 제 생각은 이렇습니다(베테랑 직원)

팀장이 되면 다양한 직원들과 근무하게 된다. 성별과 나이는 물론이고 직급도, 성격도, 능력도 다양하다. 그리고 팀장들은 누구나 능력이 뛰어난 베테랑 직원들을 원한다. 팀장들은 팀에 베테랑 직원이 근무하면 그 어떤 업무나 민원이 발생해도 걱정이 줄어든다. 또한 업무 성과를 올리기 어렵지 않기 때문이다.

따라서 베테랑 직원은 팀에 매우 중요한 존재이다. 하지만 베테랑 직원들은 그 능력만큼이나 관리하는 게 쉽지 않다. 베테랑 직원들은 자신의 능력과 경험에 대한 자부심이 많다. 때로는 변화에 대해 저항할 수 있다. 따라서 베테랑 직원 관리에 필요한 네 가지 방법을 제시하고자 한다.

첫째, 상호 존중과 소통이다. 베테랑 직원들의 의견을 듣고 존중하며, 새로운 아이디어와 기술을 도입할 때는 그들의 경험과 노하우를 적극 활용한다. 가급적 팀장의 생각과 의견은 최소화하고, 베테랑 직원이 많은 의견과 아이디어를 낼 수 있도록 분위기를 조성하고 이를 적극 수용하는 것이다. 때에 따라 사소한 의견까지 존중해 주면서 신뢰를 높여줄 필요가 있다. 예컨대, 행사에 따른 오찬이나 만찬 계획이 있는 경우, 직원의 결정(예 점심 메뉴, 회식 메뉴 등)에 따라 진행하는 것이 좋다.

둘째, 역량 개발 지원이다. 베테랑 직원들은 조직의 문화와 업무 프로세스를 잘 이해하고 있다. 이들이 더욱 발전하고 성장하기 위해서는 역량 개발의 지원이 필요하다. 왜냐하면 이들의 능력 개발과 발전이 곧 팀의 발전, 성과와 연계되기 때문이다. 따라서 베테랑 직원들에게 역량 개발 등의 지원을 통해 그들이 더욱 가치 있는 인재로 성장할 수 있도록 돕는 것이다. 예컨대 교육이나 세미나, 관련 토론회 참가, 벤치마킹 등의 지원이다.

셋째, 새로운 도전과 성과의 인정이다. 베테랑 직원들은 새로운 업무에 도전할 일이 많다. 그리고 신규 업무의 경우 성공하기가 쉽지 않다. 따라서 성과를 인정받는 경우가 드물다. 그러면 베테랑 직원들을 의기소침해지고 역량을 과소평가하게 된다. 이런 분위기는 새로운 아이디어나 도전을 회피하게 만들고, 결국 조직은 뒤처진다. 따라서 팀장은 베테랑 직원들의 역량과 경험을 최대한 활용하면서 새로운 도전과 성과를 인정하는 시스템을 구축해야 한다.

넷째, 자율성과 창의성에 대한 존중이다. 믿어주는 것이 중요하다. 또한 팀장은 그들의 역할과 책임을 명확히 정의하고, 그에 따른 적절한 데이터와 자료를 제공하자. 예컨대 신입 사원에게는 구체적으로 업무를 알려주고, 일에 대해 중간 점검을 자주하는 분대장형 리더십이 필요하다. 반면 이미 과업을 수행하고자 하는 열정과 역량을 모두 갖춘 베테랑 직원에게는 목표를 협의하고 위임하는 방목형 리더십이 최고이다.

3) 모죽(毛竹) 같은 직원도 있다(잠재력 직원)

팀장이 리더십을 발휘하기 위해서는 직원들 파악이 급선무이다. 직원들은 각자 나름대로 장·단점과 잠재력을 가지고 있으나 때에 따라 본인의 장·단점을 잘 모르기도 한다. 따라서 팀장들이 가까이 다가가야 직원들의 장기, 특기, 그리고 잠재력을 알 수 있다. 직원들의 잠재력 발견은 개인의 발전과 성장은 물론 팀에도 매우 유익하다.

그럼 팀장들은 직원들의 잠재력을 어떻게 알아볼 수 있을까? 여기서는 직원들의 잠재력을 알 수 있는 비법 네 가지를 안내하고자 한다.

첫째, 팀에 협력적인지, 팀워크에 적극적인지 여부를 눈여겨봐야 한다. 이를 통해 팀원들이 일하는 환경과 조직 내 문화를 파악할 수 있다.

둘째, 지식과 경험을 평가해야 한다. 왜냐하면 직원들이 가진 전문성이 팀원들의 업무 수행에 얼마나 유용한지 알아야 하기 때문이다.

셋째, 문제를 어떻게 해결하고 일 처리는 어떻게 하는지 관찰해야 한다. 그 이유는, 팀원들의 일처리 방식과 전략을 이해하여 나중에 자신의 문제를 해결할 때 참고할 수 있기 때문이다.

마지막으로, 미래의 발전 방안에 대한 관점을 파악해야 한다. 현재의 문제점들을 파악하고 그 문제점들을 극복할 방안을 찾아내는 것이 중요하기 때문이다.

이러한 방법들을 통해 잠재력이 있는 직원을 선별할 수 있으며, 팀원들의 능력을 최대한 발휘할 수 있도록 지원할 수 있다.

어느 조직이든 잠재력이 있는 직원들이 있다. 다만 팀원들을 잘 알아보지 못하고 도외시하는 것이 문제이다. 잠재력이 있는 직원들은 마치 모죽(毛竹) 같은 존재이다. 모죽은 싹이 트고 5년간은 성장을 하지 않는다. 다만, 뿌리는 사방으로 뻗어 깊게 자리 잡고 단단히 고정한다. 5년이 지난 후에야 비로소 하루에 70~80cm씩 쑥쑥 자라기 시작해 30m까지 자란다고 한다. 모죽 같은 직원들은 조직의 성장과 발전에 크게 기여할 수 있는 인재들이다.

4) 칭찬은 고래도 춤추게 한다(칭찬하기)

사람은 누구나 칭찬받는 것을 좋아한다. 특히 직원들에게는 팀장의 칭찬보다 더 기분 좋을 일이 또 있을까. '칭찬은 고래도 춤추게 한다'는 말은 틀리지 않는다. 하지만 팀장들은 때때로 직원들을 칭찬하는 데 어려움을 겪는다. 이는 팀장들이 직원들을 충분히 알지 못하기 때문이다.

팀장은 직원들의 강점과 장점을 파악하여 적절한 칭찬을 해주어야 좋다. 팀장들은 직원들이 업무에 대한 자신감을 높일 수 있도록 꾸준히 칭찬하고 격려해야 한다. 이는 직원들의 성과와 동기 부여에 큰 영향을 미친다. 따라서 팀장들은 직원들에 대해 충분히 알고 그들의 노력과 성과를 인정해 주는 것을 자주 해주면 좋겠다.

팀장이 직원들을 칭찬하는 분야는 주변에서 다양하게 찾아볼 수 있다. 예컨대 업무적인 면은 '직무 수행 능력', '업무 성과', '창의적 업무 개발', '탁월한 계획 수립', '표창 수상' 등의 칭찬을 할 수 있다. 또한 개인적인 면은 '인성과 태도', '타인에 대한 배려', '동료 도움'에 대해서 칭찬을 할 수 있겠다. 또한 직원들의 개인적 성취에서도 칭찬거리는 찾을 수 있다. 즉 취미나 개인 학업 성취, 평상 시 성실성, 봉사 활동, 노력도 칭찬할 수 있다. 따라서 팀장은 직원들의 다양한 면을 인식하고 그에 대해 적절한 칭찬을 하는 것이 중요하다.

특히 직원들의 업적을 인정하고 공개적으로 칭찬해 주는 것은 정말 좋다. 때로는 칭찬과 함께 기프티콘이나 도서상품권, 영화관람권 같은 작은 선물을 주는 것도 좋겠다. 이는 직원들의 자신감을 높이고, 열정을 유지하며, 더 좋은 성과를 이루는 기회를 제공한다. 또한 팀장이 업무에 직접 또는 많은 관여를 통해 큰 성과와 업적을 이뤄냈어도 공적과 표창은 직원들에게 돌려주어야 한다.

☛ **좋은 칭찬의 원칙, TIP**

- 칭찬과 격려는 자주 많이 하라.
- 칭찬은 당사자가 돋보이게 공개적으로 크게 하라.
- 어떤 일을 잘했는지 구체적으로 언급해 주는 것이 좋다.
- 칭찬에 작은 선물(도서상품권, 영화티켓)을 더하면 효과는 더 크다.

5) 부정적 사고는 소문이 빠르다(금기사항)

사람이 살아가면서 가장 힘든 부분은 사람과의 관계이다. 여기에서는 팀장들도 자유롭지 않다. 팀장들은 직원들과 좋은 관계로 '원팀'을 만들어 업무 추진을 하고 성과를 올려야 한다. 하지만 직원들과 하지 말아야 하는 금기 언행으로 원만한 관계 형성이 안 되고 문제를 일으키는 경우도 종종 생긴다. 이에 직원들과의 원만하고 바람직한 관계를 위한 금기사항 몇 가지를 안내하고자 한다.

첫째, 무시하는 말이나 행동이다. 직장생활에서 가장 힘든 일이고 만들지 말아야 하는 상황이 사람과의 갈등이다. 특히 팀장들이 직원들과 그런 상황을 연출하는 것은 큰 잘못이다. 직원들은 과중한 업무보다 윗사람의 태도와 언행으로 힘들어 하는 경우가 많다. 예컨대 직원이 잘못된 일을 저지르거나 실수했을 때, 공개적으로 비난하여 실수를 들추고 자존심을 낮추는 일이다. 팀장들이 이런 행동을 하는 것은 절대 금해야 한다.

또한 직원을 무시하지 말자. 내가 그때는 이렇게 저렇게 했다는 세대 차이 나는 말은 삼가야 하며 서로의 의견이 다르다고 직원들의 의견을 무시하지 말자. 팀장들의 권위적인 강압적 태도는 직원들의 반발심을 키운다. 뜻이 맞지 않는다고 논쟁까지 치닫는 것도 안 된다. 기분이 나쁘다고 격앙된 말투로 소리를 지르거나 명령하는 비상식적인 면을 보이지 말자. 이와 같은 유사한 일이 실제로 있었다. 우리 공직사회의 어두운 일면을 노출시키는 일이다.

☛ **과장 A는**

○ 업무 지시에 대해 직원이 의견을 제시하면 다른 직원들 앞에서 윽박지르고, 업무 지시를 이유로 고성을 지르거나 사소한 일에도 질책하는 등 강압적인 부위기를 조성하고,
○ 직원에게 A가 참여해야 하는 교육에 대한 대리 서명을 지시하였음.
○ 직원들을 상대로 각종 단체와의 저녁식사에 참석하라거나 보건 휴가를 취소하도록 하는 등의 지시를 하였음.

※ 처분: 정직1월, 피해자들과 격리조치, 간부공무원 재발방지교육

출처: 공공분야 갑질 사례집, 국무조정실, 2020.

팀장의 감정이 섞인 말 한마디는 직원들의 감정을 더욱 상하게 할 뿐이며 제대로 된 정보를 전달하지도 못하는 잘못된 방법이다. 명확한 논리로 설득하고 그래도 안 된다면 부드럽게 타이르자. 그래도 안 된다면 직원 의견을 존중(큰 문제가 안 된다는 전제하에)해 주자. 본인이 스스로 깨달을 기회를 주고 기다림의 시간을 갖자. 리더가 갖춰야 할 덕목 중 하나가 기다림이다.

둘째, 부정적 사고이다. 이것은 전파력이 강하다. 간혹 들리는 얘기에 따르면, 어느 팀장은 직원 의견에 무조건 반대한다고 한다. 또 어떤 팀장은 무조건 안 된다고 결재를 회피한다고 한다. 팀장은 리더다. 직원들과의 토론을 통해 생각과 내용이 틀리면 틀린 것을 고쳐주고, 의견이 다르면 다른 의견을 개진하고, 대안을 제시해 줘야 한다.

팀장들의 부정적 사고는 개인이나 조직 모두에게 좋지 않다. 좋은 일은 소문이 천천히 나지만, 좋지 않은 소문은 참 빠르게 나는 상황을 누구나 경험했을 것이다. 긍정적 에너지보다 부정적 에너지가 전파력이 더 강하고 빠르기 때문이다. 특히 부서 내에서 팀장의 부정적 사고와 언행은 절대 해서는 안 될 행동이다.

또한 각종 사업을 추진하면서 직원들에게 믿음을 주어야 한다. 수시로 의견을 바꾸며 직원과 마찰을 빚는 것은 바람직하지 않다.

셋째, 사기를 저하시키는 언행이다. 요즘 시대를 일컬어 개인적인 나노사회라고 표현한다. 하지만 결국 일은 사람이 하는 것이다. 팀장은 직원 개개인의 행동 하나하나를 터치하는 게 아니라 어려움은 없는지, 직원이 가진 긍정적인 역량이 무엇인지 파악하여 적재적소에 잘 활용될 수 있도록 지도하는 것이 필요하다. 또한 성취감을 방해하는 부정적인 언어나 타인을 험담하는 행동은 절대 삼가야 한다.

특히 팀장들은 직원들과 상하 관계에 있다. 상대방을 무시하는 언어폭력, 시선처리, 따돌림 등 인권적인 모욕을 주는 행위는 절대로 하지 말아야 한다. 하지만 무의식중에 나오는 경우가 있다. 자신은 모르겠지만 직원들은 체감하는 상황이 발생할 수도 있어 최대한 조심하고 또 조심해야 한다. 팀장은 혼자이지만 직원들은 매 순간 팀장의 언행에 귀 기울이고 팀장을 바라보고 있다는 것을 명심하자. 다음은 이와 유사한 일이 실제로 있었던 사례이다. 이러한 좋지 않은 사례는 정말 오늘날 공직사회에서 제로화해야 한다.

> ☛ **팀장 A는**
> ○ 직원을 상대로 지속적으로 폭언, 욕설, 인격비하 발언 등을 하였고
> ○ 공과금 대납, 개인물품 구매 대행, 온라인교육 대리수강 등 업무와 관련 없는 일을 지시하였으며,
> ○ 업무시간 외에 저녁식사 자리에 여직원을 불러내어 성희롱 발언을 하고 휴일에도 연락하여 폭언을 하였음.
> ※ 처분: 파면, 직원대상 교육 사례로 활용

출처: 공공분야 갑질 사례집, 국무조정실, 2020.

넷째, 기본적인 도의를 벗어나는 일이다. 팀장들이 절대 하지 말아야 하는 일이 직원들의 공적 가로채기다. 이러한 일은 상사로서 윗사람으로서 정말 해서는 안 되는 일이다. 어떠한 경우라도 직원에게 상을 만들어 주지는 못하더라도 공로는 가로채지 말아야 한다. 그것은 직원의 의지와 의욕을 꺾는 일이다. 이따금, '잘한 것은 내 덕, 못한 것은 직원의 잘못'이라고 생각하는 자기중심적인 팀장들이 있다.

설혹, 사업 추진을 팀장이 도와주거나 함께 했을 수도 있

다. 모든 일의 진행과 성과가 좋든 나쁘든 팀장의 검토를 거친다. 하지만 모든 실무는 직원이 처리한다. 당연히 직원이 잘한 것은 성과를 가져갈 수 있도록 해야 하고 잘못된 것은 팀장 책임도 있다는 것을 알아야 한다.

또한 팀장들이 사석이나 저녁 식사 자리에 없는 직원의 사생활을 함부로 노출하면 안 된다. 좋은 내용이든 안 좋은 내용이든 직원의 사생활을 안줏거리로 생각하여 함부로 내뱉는 것은 경우가 아니다. 팀장으로서 직원을 무시하는 언행이고 정말 예의 없는 행동이다.

다섯째, 경청하지 않는 것이다. 팀장들은 직원들의 의견을 경청하지 않으면 멍청이가 된다는 것을 명심하자. 팀원 간의 연령차는 많게는 20~30세까지 차이가 난다. 나이 차이는 곧 세대 차이, 생각의 차이가 따라오기 때문에 직원들의 작은 목소리도 놓치지 않고 늘 경청하고 관심을 기울여야 한다.

만약 이것들을 간과한다면 소중한 직원을 잃게 되거나 최악의 실적을 보여주며 최악의 부서가 될 것이다. 멍청이가 되지 않으려면 팀원들의 목소리를 반드시 경청해야 한다.

한비자의 한 구절이 생각나는 대목이다. '거호거오(去好去惡) 군신현소(群臣見素)' 해석하면 이렇다. '임금은 좋고 싫음을 겉으로 드러내지 않아야 신하들이 본 모습을 보인다.' 임금이 좋아하고 싫어하는 것을 쉽게 드러내면 아랫사람들이 그

뜻을 거스르기 어렵게 되고, 결국 임금의 눈과 귀가 가려지게 된다는 뜻이다.

리더인 팀장이 모든 일을 알 수도 없고, 모든 일을 할 수도 없다. 좋은 의견을 내고 일을 하는 사람은 직원들이다. 리더인 팀장이 드러내놓고 싫다고 하면, 그에 반하는 소신을 펼칠 수 없다. 또한 말이 너무 많으면 직원들이 입을 다문다. 따라서 리더인 팀장은 귀신처럼 알고 부처님처럼 모른 척해야 한다.

다산(茶山)에게 배운다

리더의 직원 관리

팀장은 공무원 조직의 초급 간부다. 가장 작은 조직을 다루는 직위다. 직원을 적게는 3명에서 많게는 30명까지 관리해야 한다. 다산 정약용은 『목민심서』 제5강 이전 6조에서 목민관인 리더가 부하를 어떻게 관리해야 하는지에 대해 여러 가지 방법을 제시했다. 다산의 직원관리 방식의 핵심은 크게 두 가지로 설명할 수 있다. 우선, 능력에 따른 배치이다. 다산은 각자의 능력과 특성을 고려하여 적재적소에 인재를 배치하는 것을 중요시했다. 이를 통해 부하들이 자신의 장점을 발휘할 수 있도록 도왔다. 다음은 공정한 평가이다. 다산은 부하의 성과를 공정하게 평가하고, 이를 통해 동기를 부여했다. 공정한 평가 시스템은 부하의 사기를 높이는 데 중요한 역할을 했다. 이 같은 내용들은 오늘날에도 유효한 부하 관리의 핵심 요소로 여겨진다.

여기에서는 오늘날 팀장 리더들이 본이 되는 다산의 부하 관리 방식 몇 가지를 소개하고자 한다. 우선 먼저, 팀의 리더로서 본을 세워야 한다. 다산은 『목민심서』 제5강 이전(吏典) 6조(條)의 제2조 어중(馭衆, 아랫사람 다스리기)편에서 '어중지도(馭衆之道) 위신이이(威信而已), 위생어렴(威生於廉) 신생어충(信生於忠), 충이능렴(忠而能廉) 사가이복중의(斯可以服衆矣)'라고 얘기하고 있다. 이를 해석하면, '직원들을 통솔하는 일은 위엄과 믿음이다. 위엄은 청렴에서 생겨나고 믿음은 성실에서 나온다. 성실하고 청렴해야 직원들이 따를 것이다'라는 말이다. 팀장으로서 직원들을 통솔하는 데 가장 먼저 본을 세워야 한다. 팀장이 리더로서 본을 세우는 일은 위엄과 믿음이다. 위엄은 리더의 청렴성과 도덕적 기준에서 비롯되며, 이는 직원들에게 신뢰를 주는 요소다. 또한, 성실함은 직원들이 리더를 따르고 존경하게 만드는 핵심이다. 이러한 가치들이 조화를 이룰 때, 직원들의 신뢰와 협력도 강화될 것이다. 이를 통해 팀장은 리더로서 직원은 물론 팀 관리를 효과적으로 수행할 수 있겠다.

둘째, 아부하는 직원과 직언하는 직원을 구분하여 잘 관리해야 한다. 다산은 『목민심서』 제5강 이전(吏典) 6조(條)의 제3조 용인(用人, 인사 관리)편에서 '선유자불충(善諛者不忠) 호간자불배(好諫者不倍), 찰호차(察乎此) 즉선유실의(則鮮有失矣)'라고 충언하고 있다. 이를 해석하면, '아부하는 직원은 믿음이 부족하고 직언하는 직원은 배반하지 않는다. 이를 잘 살펴서 관리해야 한다'는 말이다. 팀장으로서 아부하는 직원과 직언하는 직원의 차이를 잘 이해하는 것은 신뢰를 구축하는 데 매우 중요하다. 아부하는 직원은 종종 자신의 이익을 위해 행동할 수 있기 때문에 신뢰를 쌓기 어려울 수 있다. 반면, 직언하는 직원은 진정한 관계를 바탕으로 건설적인 피드백을 제공하므로, 긍정적인 영향을 미친다. 따라서 직원들의 행동을 면밀히 관찰하고, 직언하는 문화를 장려하는 것이 중요하다. 이를 통해 신뢰를 구축해야 한다. 필요시 이러한 가치가 직원 관리에 어떻게 실현될 수 있는지를 명확히 하고, 직원들에게 그 중요성을 교육하는 것도 좋은 방법이다.

셋째, 팀장의 직원 관리의 선(先)은 예(禮)이고 후(後)는 규칙에 있다. 어떻게 직원들을 대하느냐에 따라 직원 관리의 성패가 좌우된다. 이에 대해 다산의 직원 관리 방법을 통해 지혜를 구해 보자. 다산은 『목민심서』 제5강 이전(吏典) 6조(條)의 제1조 속리(束吏, 아전을 다스림)편에서 '제지이례 접지유은 연후속지이법(齊之以禮 接之有恩 然後束之以法), 약릉력학사 전도궤우자 불수속야(若陵轢虐使 顚倒詭遇者 不受束也)'라고 충언하고 있다. 이를 해석하면, '직원들을 예로써 질서를 세우고 정으로 대우한 후에 규칙으로 다스려야 한다. 만약 직원들을 무시하고 규정과 무관하게 직위로 강압적으로 대우한다면 직원들이 수긍하지 않을 것이다.'라는 말이다. 팀장인 리더가 팀의 직원 관리를 위해 먼저 모범을 보여야 한다. 리더가 먼저 행동으로 직원들에게 좋은 예를 제시함으로써, 팀원들이 자연스럽게 따르도록 유도해야 한다. 그런 다음에 규칙의 필요성을 설명하는 것도 중요하다. 규칙이 왜 필요한지, 어떻게 팀의 목표 달성에 기여하는지를 명확히 함으로써 직원들이 규칙을 이해하고 수용하도록 도와야 한다. 한편, 팀원들이 잘못을 저지른 경우, 문제를 파악하고 소통하는 것이 중요하다. 먼저 잘못된 행동이나 결과를 명확히 분석한 후, 팀원들과 대화를 통해 그들의 입장과 생각을 들어야 한다. 이후 구체적인 피드백을 제공하고, 무엇이 잘못되었는지, 어떻게 개선할 수 있는지를 설명한다. 문제를 해결하기 위한 구체적인 방안을 함께 모색하고, 같은 문제가 반복되지 않도록 방지책을 마련해야 한다. 이러한 요소들을 잘 관리하면 팀의 화합은 강화되고 직원들이 스스로 규칙을 지키며 협력할 수 있는 환경이 조성될 것이다.

3. 팀을 하나로 만드는 관리 방법(조직 관리)

1) 톱니를 모아 톱니바퀴를 만들어라(관리 원칙)

기계식 시계는 톱니바퀴가 회전하며 작동한다. 하지만 그 시계는 톱니바퀴의 톱니 하나가 깨어지면 제대로 돌아가지 않고 시간도 맞지 않는다. 어떤 작은 부분 하나가 얼마든지 큰 영향을 미칠 수 있다는 것을 나타내는 얘기다. 톱니바퀴처럼 작은 부분 하나가 깨지면 전체 시스템이 멈추게 된다.

이러한 현상은 조직에서도 마찬가지이다. 팀은 톱니바퀴처럼 서로 맞물리면서 팀원들이 하나가 되어 원활하게 돌아가야 한다. 때로는 팀원의 작은 실수 하나가 팀과 조직의 큰 문제를 일으키기도 한다. 반대로 팀원이 이룬 작은 일의 결실이 조직에 큰 성과를 거두기도 한다. 팀의 업무도 마찬가지다. 어느 한 업무의 추진이 잘못되어 어긋나고 실패한다면, 팀 전체에 영향을 미친다. 그리고 팀의 성과를 떨어뜨리는 요인이 되는 것도 물론 당연한 일이다. 따라서 팀장은 직원들의 마음을 하나로 만드는 팀워크를 만드는 데 힘을 기울여야 한다.

공무원 조직도 다르지 않다. 팀장들은 직원들과 함께 팀워크를 만들어야 한다. 이를 위해서는 먼저, 팀의 비전과 목표를 설정할 필요가 있다. 그리고 이때는 리더가 임의로 설정하지 말고 직원들을 참여시켜 함께 만들고 합심해서 추진하는 것이 좋다. 또한 팀의 모든 구성원이 서로를 존중하고 신뢰할 수 있는 바탕을 만들어야 한다. 팀원들이 각자의 역할과 책임을 완수하면서 팀의 목표를 달성하기 위한 협력이 필수이기 때문이다. 직원들은 이러한 비전과 목표를 설정함으로써 팀 내에서의 목표 달성뿐 아니라 조직 전체의 성장과 발전에도 크게 자기 몫을 다한다.

팀장들은 언제나 팀을 하나로 만들기 위한 다양한 방법과 노력을 기울여야 한다. 여기서는 좋은 팀워크, 바람직한 조직 관리에 꼭 필요한 다섯 가지 원칙을 제시하고자 한다. 이를 통해 바람직한 리더로 거듭나기를 바라는 마음이다.

☛ 좋은 조직 관리의 5가지 원칙, TIP

– 일의 목적과 배경을 이해시키고 지원하라
– 의견을 경청하고 아이디어를 권장하라
– 상 · 하 간, 상호 간 의사소통을 장려하라
– 창의적인 일을 독려하고, 실패를 인정하라
– 직원 간의 칭찬으로 좋은 분위기를 조성하라

2) 팀장은 벼슬도 감투도 아니다(봉사 자세)

팀장의 역할은 곧 조직 관리다. 이렇게 말할 정도로 팀장들에게 팀의 관리는 매우 중요하다. 따라서 팀장은 자신이 맡은 팀의 조직 관리를 잘해야 한다. 그러기 위해서 팀장들이 먼저 갖춰야 하는 세 가지 자세가 있다.

첫째, 권위적이고 직원들에게 군림하려는 자세는 버려야 한다. 간혹 아직도 꼰대 계장처럼 권위적인 구태에서 벗어나지 못한 팀장들이 있다. 팀장의 권위적인 모습은 팀원들에게 스트레스와 불안감을 준다. 또한, 팀의 성과를 떨어뜨린다. 반면, 팀장이 팀원들과 소통하고, 서로를 존중하면서 일을 진행하면 팀의 협업과 목표 달성에 큰 도움이 된다. 따라서 팀장들은 권위적인 행태를 탈피하여 팀원들과 함께 성장하고 발전해 가야 한다.

둘째, 팀원은 자기 사람 만드는 게 아니라 팀에 필요한 사람으로 만들어야 한다. 팀장들은 종종 일부 직원들을 내 사람으로 생각하고 자신의 목적에 따라 그들을 우선시한다. 그러나 직원은 팀장의 소유물이 아니다. 팀을 위해 필요한 사람으로 생각해야 한다. 팀원들이 각자가 맡은 역할과 책임을 다하는 노력이 모여 팀의 목표를 달성하는 것이다. 이를 위해서는 서로를 존중하고 협력하는 것이 필수적이다. 따라서 팀장들은 직원을 단순히 자원으로 생각하는 것이 아니라, 팀에 필요한 '인재'로 인식하고 그들이 역량을 최대한 발휘할 수 있도록 지원해야 한다.

셋째, 팀과 직원들에게 봉사한다는 서번트 리더십을 펼쳐야 한다. 얼마 전, 몇몇 팀장들과 저녁 기회를 가졌을 때 일이다. 그때 모 팀장이 “팀장은 벼슬도 감투도 아니다.”라고 말했다. 그 말이 정말 인상 깊었다. 팀장은 팀원들과 함께 일하는 동료이자 리더라는 애기다. 하지만, 그저 일을 시키는 리더가 아니다. 직원들과 함께 문제를 해결하고 성장할 수 있도록 도와주는 리더이다. 팀장은 리더이면서도 직원들과 함께 성장하는 또 한 사람의 팀원이다.

따라서 팀장은 직원들의 리더이며, 그들을 돕고 지원하는 역할을 해야 한다. 그러나 자신을 위해 직원들을 제어하거나 지배하려고 하는 것은 옳지 않다. 팀장은 직원들과 함께 일하며, 서로 존중하고 협력해야 한다. 이것이 직원들이 팀장을 신뢰하며, 팀 전체가 성공하는 첩경이다.

3) 직급 역량에 맞는 업무분장 하기(사무분장)

공무원 조직에서 사무분장이란, 팀의 업무를 팀의 구성원들이 분담하는 일이다. 예컨대 행정 업무를 수행하는 과정에서 필요한 문서 작성, 기록 보관, 전자우편 관리, 회의록 작성 등의 업무를 처리할 담당을 분담하는 것이다. 사무분장의 목적은 조직이 맡은 업무 추진의 효율성을 높이는 데에 있다.

따라서 공무원 조직에서 업무분장은 중요하다. 그리고 그 역할을 맡은 팀장은 직원들과 소통하며 이해시켜야 한다. 팀장들의 올바른 업무분장을 위하여 몇 가지를 제시하고자 한다.

첫째, 직급과 역량에 맞는 업무분장이 이루어져야 한다. 공무원 조직은 기본적으로 직급이 높아지면서 더 많은 책임과 역할을 맡게 된다. 그에 따라 자연스럽게 업무분장도 조정되는 것이 일반적이다. 팀장들은 팀원들과의 의사소통을 통해 역량에 맞게 업무분장을 해야 바람직하다. 팀의 주어진 업무를 효율적으로 수행하고, 조직의 목표를 달성할 수 있도록 적절한 업무분장이 이루어지도록 해야 한다.

둘째, 편향되고 치우진 업무분장은 안 된다. 하지만 그렇지 않은 경우도 종종 발생한다. 팀장이 한 사람에게 편중되게 일을 분장하면 팀워크에 균열이 생긴다. 팀장은 모든 팀원들이 공정하게 일할 수 있도록 업무를 분배해야 한다. 만약 팀장이 한 사람에게 편중되게 일을 맡기면 그 직원은 업무 과부하가 생기고, 다른 팀원들에게는 업무를 배울 기회를 빼앗는 상황이 전개된다. 또한 그 사람이 일을 처리하지 못하면 전체적으로 팀의 업무 진행도가 저하된다. 업무분장과 관련하여 실제로 있었던 갑질 사례는 다음과 같다. 내가 받기 싫거나 하기 싫은 건 다른 사람도 마찬가지다.

☛ **과장 A는**

○ 잦은 업무분장을 실시하면서 특정 직원들에 대해 징벌성 인사(짧은 기간 동안 잦은 업무 변경, 하급자를 팀장으로 선임)를 단행하고,

○ 업무 설명회 자료 담당 직원에게 A의 지인이 운영하는 인쇄소의 연락처를 알려주고 해당 업체의 견적서를 전달하는 등 특정 업체를 선정하도록 지시하였음.

※ 처분: 경징계 요구, 행위자 의원면직, 직원대상 교육사례로 활용

출처: 공공분야 갑질 사례집, 국무조정실, 2020.

셋째, 사심이 들어간 업무분장은 없어야 한다. 팀장이 사무분장을 사심으로 한다면, 그것은 조직 내에서 부도덕한 일이 될 수 있다. 팀장은 조직의 리더로서 중립적이고 공정한 태도를 유지해야 한다. 만약 팀장이 특정인을 선호하는 업무분장을 하거나 차별적인 대우를 한다면, 조직 내에서 불만이 생

☛ **소장 A는**

○ 직원을 상대로 A 자녀의 등·하교, A의 개인적 병원 방문을 위한 운전을 시키는 등 업무와 관련이 없는 일을 지시하고,

○ 특정 직원의 잘못에 대해 부서 전체나 직급 전체를 불러 질책하거나 마음에 들지 않는 직원에게 모욕적 언해, 인격비하 발언을 하였으며,

○ 잦은 업무분장 변경으로 직원들의 업무를 과중시키고, 직원의 업무상 필수교육 신청을 제한하였음.

※ 처분: 징계위원회 회부

출처: 공공분야 갑질 사례집, 국무조정실, 2020.

긴다. 그리고 그런 현상은 팀의 성과에도 악영향을 미친다. 따라서 팀장은 각자의 역할과 책임을 분명히 정하고 팀원 전체가 성장할 수 있도록 기회를 제공해야 한다. 믿기 어렵겠지만 이런 일이 실제로도 일어나고 있는 것이 우리 공직의 현실이다.

마지막으로, 업무분장을 하면서 팀원들에게 좋은 영향을 끼치기 위해 노력해야 한다. 예컨대 팀의 일부 업무를 팀장이 솔선해서 일을 하며, 팀원들에게 일의 중요성과 가치를 보여주어야 한다. 이러한 팀장의 모습은 팀원들에게 큰 영감을 주며, 업무의 효율성과 팀워크도 향상될 것이다.

4) 열린 마음으로 대화를 하자(소통하기)

오늘날은 소통이 대세라고 할 정도로 소통이 중요해졌다. 팀장들이 해야 하는 역할 가운데 가장 소중한 일도 직원들과의 소통이다. 탁월한 업무 능력으로 존경받는 리더도 필요하다. 하지만 소통과 공감으로 존경받는 리더가 더 요구된다. 팀장은 직원들과의 소통을 매일 일상처럼 끊임없이 해야 한다. 팀의 일은 대부분이 직원들에 의해 이루어지기 때문이다.

소통은 서로의 의견을 공유하고 이해하는 것으로 시작한다. 만약 팀장이 직원들과 소통하지 않는다면, 직원들은 팀장의 의도나 방향성을 제대로 이해하지 못할 수 있다. 또한 팀장과 직원들 간의 신뢰 관계도 소통을 통해 형성된다.

팀장은 직원들과 관계를 잘 유지해야 한다. 직원들도 팀장을 따르며 일하고, 그들과 함께 성장하기를 원한다. 팀장들은 직원들의 이름을 친근하게 불러주고, 치맥으로 친밀감을 형성하는 시간을 갖는 것도 필요하다. 직원들도 팀장이 개인적 성향, 개인적 아픔, 진상 민원으로 힘든 어깨를 어루만져 주는 리더십을 보여주길 기대한다. 따라서 팀장은 직원들의 의견을 잘 들어주고, 그들의 필요에 대해 신속하게 대응해야 한다.

또한 팀장은 직원들 간의 소통에 대해서도 권장하고 장려해야 한다. 만약 직원 간 갈등이 발생하면 이를 해소하기 위해 노력해야 한다. 상황에 따라 직접 중재 역할도 해야 한다. 직원들 간의 좋은 관계와 분위기는 팀의 성과뿐만 아니라 조직 전체의 성과에도 큰 영향을 미친다.

따라서 팀장들은 직원들과 또는 직원 상호 간의 좋은 소통을 위해 노력해야 한다. 이를 위해 커피타임, 회식 같은 이벤트 자리를 마련하는 일도 좋다. 팀장들에게 도움이 될 좋은 소통을 위한 다섯 가지 원칙을 제시하고자 한다.

☛ **좋은 소통의 5가지 원칙, TIP**

- 적극적인 듣기: 상대방의 이야기를 자르지 말고 경청하는 자세
- 적극적인 말하기: 상대방의 이해를 위해 명확, 간결한 의사 전달하기
- 공감과 이해: 다른 사람의 감정을 이해하고 공유하는 마음
- 존중과 예의: 상대방의 의견을 존중하고 적절한 예의를 보여주기
- 대안의 제시: 상대방의 의견 무시나 내 의견 강요보다 대안을 제시

5) 실수는 인정하되, 잘못은 꾸짖자(질책하기)

실수와 잘못은 다르다. 실수는 의도치 않게 발생하는 일이다. 하지만 잘못은 알고 있거나 인식하고 있는 일을 의도적이든 아니든 벌이는 행위이다. 실수는 매우 일반적이며, 대개는 조심한다고 해도 발생할 수 있다. 반면에, 잘못은 명확한 의도를 엿볼 수 있는 일이다. 따라서 잘못은 심각한 문제까지 전개될 수 있다. 물론 실수한 일이라도 책임을 져야 한다. 그러나 잘못한 행위에 대해서는 반드시, 책임을 지지 않으면 큰 문제가 생길 수 있다. 따라서 실수와 잘못에 대한 책임과 처분도 달라야 한다고 생각한다.

우선, 실수에는 관용을 베풀자. 실수는 누구나 할 수 있다. 그러나 그 실수를 인정하지 않는 것은 문제가 된다. 인정하고 반성하는 것이 중요하다. 사회 초년 시절 처음부터 잘하는 사람은 아무도 없다. 때론 잘못된 판단으로 실수도 하고 민원이 발생하기도 한다. 시간이 지나면 업무요령도 익히고 민원응

대도 익숙해진다.

문제가 발생하면 솔선수범하여 함께 해결해 주고 본인을 자책하거나 의지를 잃어버리지 않도록 위로해 주자. 그렇지 않으면 다음에 팀장이 모르는 실수 및 미진한 업무에 대해 절대 얘기하지 않고 발견될 때까지 숨긴다. 그리고 그것은 더욱 큰 문제가 될 수 있다. 반대로, 따뜻한 지지체계는 오래도록 견고하다.

다음, 잘못에 대해서는 반드시 질책이 따라야 한다. 다만 어떻게 하면 상처받지 않게 꾸짖을까? 여기에서는 이에 대한 명쾌한 답을 제시해 보려고 한다. 팀장들에게 좋은 참고가 되기를 바란다.

첫째, 팀장은 직원의 실수를 먼저 이해하고, 그것에 대한 해결책을 제시해야 한다.

둘째, 직원이 이미 느꼈을 수 있는 부끄러움과 실망을 더 이상 강조하지 말자.

셋째, 이러한 실수가 없도록 더 나은 서비스를 제공하는 방법에 대해 함께 고민하면서 대화를 이어가는 것이 좋다.

아울러, 질책할 때는 팀장의 태도와 언어 선택도 매우 중요하다. 상처를 줄 수 있는 말이나 행동은 피해야 한다. 상호 존중하고 믿음을 실어나가는 것이 좋겠다. 이렇게 하면 팀장과 직원 모두가 더 나은 협력 관계를 유지할 수 있다.

☛ **좋은 질책의 원칙, TIP**

- 질책과 지적은 간단명료하고 짧게 한다.
- 질책은 당사자만 별도로 불러 비공개적으로 한다.
- 무엇을 잘못했는지 명확하게 제시해 준다.
- 질책 후 인간적(커피타임, 치맥) 가슴으로 품어준다.

다산(茶山)에게 배운다

리더의 조직 관리

팀장은 공무원 조직에서 가장 작은 조직의 리더다. 팀장은 팀원들을 관리하고 조정하는 역할을 맡고 있다. 팀장은 목표 달성을 위해 팀원들과의 소통과 협력도 중요하며, 조직의 정책이나 지침을 팀에 효과적으로 전달하는 역할도 수행한다.

중국 역사서 대학(大學)에는 '정치를 잘해서 좋은 나라를 만들려면 최소한 두 가지를 실천해야 한다. 하나는 용인(用人)이요, 둘은 이재(理財)라고 했다'라는 내용이 있다. 용인은 현명한 인재를 등용해 나라의 일을 해야 한다는 뜻이다. 이재는 나라의 재정을 올바르게 관리하는 것을 말한다. 결국 사람을 잘 쓰고 경제정책을 잘해야 한다는 의미이다. 나라는 큰 조직이고 나라를 다스리는 일은 아주 커다란 업무다. 하지만 국가라고 하는 큰 조직의 일이든 작은 팀 조직의 일이든 규모의 차이는 있을지언정 하는 일과 해야 할 일은 다르지 않다고 생각한다.

다산 정약용도 이와 같은 의견을 제시하고 있다. 다산의 목민관 리더가 조직을 관리하는 여러 가지 방법에 대해 알아보고자 한다. 우선 먼저, 조직 관리의 가장 중요한 한 가지는 유능한 직원에 있다는 점이다. 다산은 『목민심서』 제5강 이전(吏典) 6조(條)의 제3조 용인(用人, 직원 관리)편에서 '위방재어용인(爲邦在於用人), 군현수소(郡縣雖小) 기용인(其用人) 무이이야(無以異也)'라고 얘기하고 있다. 이를 해석하면, '국가를 통치하는 일은 인재 등용에 달려 있다. 시 · 군의 작은 규모를 다스림도 다르지 않다'는 말이다. 국가를 통치하는 데 있어 인재 등용은 매우 중요한 요소다. 인재가 제대로 발탁되고 그들의 능력을 최대한 활용할 수 있을 때, 효율적인 통치가 이루어질 수 있다. 시 · 군 같은 작은 단위에서도 마찬가지이다. 지역의 특성과 필요에 맞는 인재를 적재적소에 배치하는 것이 중요하다. 이를 통해 주민의 삶의 질을 향상시키고, 지역사회 발전에 기여할 수 있다. 인재 관리와 육성에 대한 체계적인 접근이 필요하다. 규모로 보았을 때, 비약적인 비교일지 모르지만 팀의 관리도 다르지 않다고 생각한다. 유능한 직원이 필요도 하고 직원들을 유능하게 만들기도 해야 하는 것이 팀장인 리더가 조직 관리를 위해 할 일이다.

둘째, 팀장의 유능한 직원 추천도 조직 관리의 하나다. 다산은 『목민심서』 제5강 이전(吏典) 6조(條)의 제4조 거현(擧賢, 유능한 직원의 추천)편에서 '거현자 수령지직(擧賢者 守令之職), 거인지천 목지당무야(擧人之薦 牧之當務也)'라고 조언하고 있다. 이를 해석하면, '좋은 직원을 추천하는 것은 리더의 임무다. 유능한 직원을 추천하는 것은 리더가 당연히 해야 할 일이다'는 말이다. 팀장으로서 좋은 직원을 추천하는 것은 중요한 역할 중 하나다. 유능한 인재를 선별하고 추천함으로써 팀의 전반적인 성과를 높이고, 직원들로 하여금 동기 부여와 목표 달성에 기여할 수 있다. 리더는 직원의 역량과 잠재력을 잘 이해하고, 적합한 인재를 적재적소에 배치하는 데 중요한 역할을 한다. 이러한 과정은 팀의 신뢰와 협력도 증진시키는 데 도움이 된다.

셋째, 직원들의 공정한 성과 평가를 해야 한다. 직원들의 엄정한 성과 평가와 신상필벌을 통해 조직 관리의 본을 세워야 한다. 다산은 조직 관리를 위해 직원 성과 평가를 어떻게 하였는지 그 지혜를 엿볼 수 있는 기회다. 다산은 『목민심서』 제5강 이전(吏典) 6조(條)의 제6조 고공(考功, 엄정한 성적평가)편에서 '연서기공과(然書其功過) 세종고공(歲終考功) 이의시상(以議施賞) 유현호이야(猶賢乎已也)'라고 조언하고 있다. 이를 해석하면, '직원들의 성과와 과실을 메모하여 고과에 적용하고 추천과 표창을 상신하는 것은 리더가 당연히 해야 할 일이다'는 말이다. 리더이자 팀의 책임자로서 직원들의 성과와 과오를 염두에 두고 고과에 반영하는 것은 팀장의 중요한 역할이다. 이를 통해 직원들은 자신의 노력이 인정받고 있다는 느낌을 받을 수 있다. 나아가 조직과 개인 발전의 동기 부여에도 큰 도움이 된다. 또한, 추천과 표창을 통해 우수한 성과를 가진 직원들을 격려하는 것은 조직의 전반적인 분위기를 긍정적으로 만드는 데 기여한다.

일부 팀장들은 직원들의 성과 평가를 할 때 자기와 호흡이 잘 맞거나 자신의 말을 잘 듣는 직원에게 후한 점수를 주는 경향이 있다. 또한 표창에 있어서도 사탕발림하는 직원을 우선해서 추천하는 그릇된 행위를 한다. 팀장의 자리는 사사로이 개인의 감정으로 평가하고 결정하는 사적인 직위가 아니다. 공정하게 평가하고 논의를 거쳐 객관성이 함유된 결론을 내려야 하는 공적인 직책이다. 그리고 이를 위한 공정한 평가 시스템도 갖춰야 한다. 팀장인 리더는 이러한 과정을 체계적으로 관리하는 것이 중요하다.

4. 업무 성과 향상을 위한 효과적인 방법(업무 관리)

1) 팀의 주요 업무는 훤히 꿰고 있자(멘토 자세)

팀장의 가장 중요한 역할은 팀 업무를 파악하고 총괄하는 일이다. 팀장은 직원들이 자신의 업무에 대해 상의할 때 항상 멘토가 될 준비가 되어 있어야 한다. 업무 중에서도 핵심 사업과 주요 사업은 특히 그렇다. 따라서 팀장은 소관 팀의 업무를 누구보다 잘 알아야 한다. 직원들이 언제 상담해 와도 조언할 수 있도록 습득하고 있어야 한다. 또한 단체장 공약사업은 가장 우선해야 한다.

먼저, 주요 업무를 훤히 꿰고 있어야 한다. 언제 누가 물어도 답변할 수 있어야 한다. 그래야 하는 이유가 있다. 첫째, 팀원들의 업무 추진과 목표 달성을 위한 방향성 제공의 기준이 된다. 둘째, 팀원들이 업무 추진 시 불필요한 혼란을 줄일 수 있다. 셋째, 문제가 발생했을 때 빠른 대처와 효율적인 의사결정을 내릴 수 있기 때문이다. 따라서 팀장은 주요 사업과 핵심 업무를 항상 염두에 두고 팀의 운영 계획을 세우고 실행해 가야 한다.

다음, 주요 업무는 별도의 '현황 작성'을 하여 체계적으로 관리해야 한다. 현황에는 '사업의 목적', '사업의 규모', '사업

비', '사업 진척도', '추진 기간' 등을 작성하고, 수시로 수정해야 한다. 그리고 주요 업무의 관리를 넘어 직원들과 소통하고 공유해야 한다. 이를 통해 팀원들은 담당 업무의 목표를 정확하게 파악하고, 그에 따른 일정을 계획할 수 있다. 따라서 팀장은 팀의 주요 사업별 연간 계획과 진행 상황을 체계적으로 관리하여 팀 전체의 성과를 높일 수 있도록 노력해야 한다.

셋째, 단체장 공약사업의 현황을 철저하게 관리해야 한다. 단체장 공약은 팀장은 물론 직원들도 가장 우선하여 관심을 가져야 하는 사업이다. 따라서 팀장은 공약사업의 진행 상황을 항시 파악하고, 문제가 발생할 경우 적극적으로 대처해야 한다. 또한 공약사업을 성공적으로 이행하기 위해 직원들의 협력과 참여를 유도해야 한다. 그리고 공약사업의 중요성과 이행 상황을 주기적으로 점검해야 한다.

2) 비중 있는 업무를 통해 노하우를 가르쳐라(비법 전수)

팀장이 직원들에게 반드시 해야 하는 일이 있다면 그것은 업무에 따른 비법을 가르치는 것이다. 이를 통해 팀원들은 불필요한 시간과 노력을 낭비하지 않고, 효율적으로 일을 할 수 있다. 따라서 팀장들은 좋은 업무 비법을 가르쳐 직원들이 더 나은 결과를 얻을 수 있도록 해야 한다. 여기서는 팀장들이 직원들에게 가르쳐야 하는 비법 몇 가지를 소개하도록 하겠다.

첫 번째, 명확한 목표와 계획을 세우는 방법이다. 팀장이 첫 번째로 가르칠 가장 중요한 것은 업무의 명확한 목표와 구체적인 계획이다. 팀장은 팀원들이 일의 목표와 계획을 잘 세울 수 있도록 전달하고 전수해야 한다. 이를 통해 팀원들은 자신의 역할과 책임을 파악하고, 목표에 도달하기 위한 역량을 키울 수 있다. 또한 명확한 목표와 계획이 수립됨으로써 일의 효율성과 생산성도 향상된다.

두 번째, 목표 달성과 이를 위한 역할과 책임을 지정하는 법이다. 팀장이 가르쳐야 할 목표 달성의 비법은 팀원들과의 '원활한 커뮤니케이션', '균형 있는 업무 분담', '효율적인 일정 조율', '직원 간의 신뢰와 존중'이다. 그러나 그것으로는 충분치 않다. 평가도 중요하다. 목표 달성에 대한 평가의 명확한 기준이 필요하다. 그렇지 않으면 목표 달성의 여부를 판단하기 어렵다. 따라서 팀장은 목표를 설정할 때, 평가 방법도 함께 고민하도록 가르쳐야 한다.

세 번째, 업무 추진의 공유와 문제 발생 시 빠른 대처법이다. 팀장은 사업의 충분한 이해와 예측되는 결과를 팀원들과 공유해야 한다. 이를 통해 팀원들은 역할과 기여도를 더욱 명확하게 인식할 수 있다. 또한 예측되는 결과를 공유함으로써 팀원들은 불확실성을 최대한 줄이고, 효율적인 업무 수행을 할 수 있다.

팀장이 추진 과정에서 발생하는 문제와 대처를 가르칠 때, 가장 중요한 것은 올바른 소통을 통한 대처 방법이다. 예컨대 일정 지연이 발생한 경우 팀장은 문제가 발생한 이유를 찾고 즉각적인 대처를 해야 한다. 또한 팀원 간의 갈등이 발생한 경우 팀장은 상황을 조율하고 갈등 해소를 위한 방법을 제시해야 한다. 이러한 대응 방법을 통해 직원들에게 안정감을 제공하고, 추진 과정에서 발생할 수 있는 문제를 미리 예방할 수 있는 대안을 제시할 수 있다.

마지막으로, 격려와 인내심을 가지고 기다리는 법이다. 업무나 프로젝트를 수행할 때, 예상치 않은 문제나 지연은 항상 발생한다. 이럴 때 당황하지 않고 팀원들을 격려하고, 인내심을 가지고 결과를 기다려야 한다. 그러면 팀원들은 더욱 열심히 일하며, 결국 일은 성공적으로 마무리될 것이다.

☛ 좋은 업무 가르침의 5가지 원칙, TIP

- 목표: 사업의 목적과 배경 설명, 수행 이유, 기대 목표와 성과 제시
- 계획: 업무계획 수립, 우선순위, 결재시한, 사업 시작과 종료, 중간 점검
- 협조: 사업연계 기관 · 부서의 협조방법, 팀원의 협조, 홍보 협조 등
- 점검: 사업의 점검과 피드백, 기존 일정과 절차 수정 및 보완
- 결과: 사업 결과의 최종 보고서, 사업 평가

3) 점검과 피드백은 팀장 능력의 가늠자다(점검 환류)

업무는 계획과 점검, 피드백 그리고 평가라는 절차와 과정을 거친다. 그리고 점검과 피드백을 통해 문제점을 발견하고 개선해 나가면서 발전을 거듭한다. 이는 공공기관의 업무는 물론 사기업의 업무도 마찬가지다. 팀장은 팀의 리더이자 업무를 총괄하고 책임지는 위치이다. 팀장부터 업무 추진에 대한 점검과 피드백을 할 수 있는 것이다. 그렇다고 점검과 피드백의 권한을 남용하면, 직원들의 업무 추진 효율성을 반감시킨다. 따라서 팀장은 업무에 대한 점검과 피드백의 기술을 갖춰야 한다. 여기서는 업무 추진의 점검과 피드백을 제공하는 방법에 대해 기본 원칙부터 제시하고자 한다.

우선 먼저, 업무 점검에 대한 방법이다. 팀장이 업무를 점검할 때는 다음과 같은 다섯 가지 기본 원칙을 중심으로 해야 한다. 첫째, 명확한 목표 설정이다. 팀장은 점검을 통해 어떤 목표를 달성하고자 하는지 명확하게 설정해야 한다. 둘째, 효율적인 계획 수립이다. 팀장은 어떻게 점검을 수행할 것인지 계획을 세워야 한다. 셋째, 적절한 리소스 할당이다. 팀장은 점검을 수행하는 데 필요한 적절한 리소스를 할당해야 한다. 넷째, 명확한 역할과 책임 분담이다. 팀원들은 각자의 역할과 책임을 명확히 인지하고 수행해야 한다. 마지막으로, 지속적인 모니터링과 개선이다. 팀장은 점검을 통해 발견한 문제점을 지속적으로 모니터링하고 개선해 나가야 한다. 이러한 다섯 가지 기본 원칙을 잘 지켜 나가면서 팀장은 업무 점검을 효과적으로 수행할 수 있다.

다음은, 피드백에 대한 방법이다. 팀장은 팀원들의 업무 수행 과정에서 발생하는 문제점을 파악하고, 그들에게 적절한 피드백을 제공해야 한다. 이때, 팀장은 다음 다섯 가지 기본 원칙을 따라야 한다. 첫째, 업무적인 것에 한정하여 제공되어야 한다. 발생한 일을 확대하거나 축소해도 안 된다. 또한 사실을 있는 그대로 표현해야 하고, 개인의 사적인 영역을 개입시키거나 감정을 담은 언어의 사용은 금해야 한다. 둘째, 사안이 발생함에 따라 적시에 제공되어야 한다. 시간이 지체되거나 시기를 놓치면 피드백의 효과는 줄어들 수밖에 없다. 셋째, 긍정적인 칭찬과 부정적인 질책, 당부사항을 모두 포함해야 한다. 넷째, 구체적이고 명확하게 표현해 주어야 한다. 업무나 행동이 가져온 영향을 알려주고, 왜 문제인지? 어떤 영향을 미치는지? 그리고 향후의 기대 또는 대안에 대해서도 제시해 주어야 한다. 다섯째, 팀원의 역량과 업무 수행 능력이 향상되는 방향으로 이루어져야 한다. 이러한 내용을 간단히 정리하면 다음과 같다.

> ☛ **좋은 피드백의 5가지 원칙, TIP**
> – 대상: 업무적인 면에 국한(사실 왜곡, 사적 영역. 감정은 안 됨)
> – 시기: 사안에 따라 적시에 실시(시기를 놓치면 효과는 절감)
> – 범위: 긍정적, 부정적 등 포괄적인 적용(칭찬, 질책, 당부, 기대)
> – 표현: 구체적이고 명확한 표현(왜 문제이고, 어떤 영향이 있는지)
> – 방향: 팀원 업무 능력과 조직 성과 향상(조직과 팀원 능력 향상)

4) 연계부서의 협조와 외풍의 차단(직원 보호)

팀장은 팀을 대표하는 리더이다. 내적으로는 팀의 업무를 총괄하는 책임자이다. 또한 외적으로는 팀을 대표한다. 특히 업무의 성격상 대외적인 연계성으로 다른 부서나 외부의 기관·단체로부터 협조가 필요한 부분이 많다. 이런 부분은 직원들에게 한계가 뒤따른다. 이러한 일이야말로, 팀장들이 앞서서 해결해 주어야 한다.

먼저, 팀장은 외부 기관·단체의 업무 협조를 받는 것에 책임감을 갖고 임해야 한다. 팀장으로서 가진 지식과 능력을 활용하여 원활한 소통과 협조를 이루어 내야 한다. 그 위치에 오기까지 그동안 쌓아온 인간관계와 신뢰를 최대한 발휘해야 하는 순간이다. 팀장이 외부 기관·단체의 업무 협조를 얼마만큼 정확하고 적시에 얻어내느냐에 따라 직원들의 업무 진행 상황과 성과가 달라질 것이다.

또한 팀장은 다른 부서의 업무 협력을 구함에도 적극적으로 임해야 한다. 다른 부서의 업무 협조가 원활하지 않을 경우, 프로젝트의 진행에 지장이 생기기 때문이다. 따라서 팀장은 이러한 문제를 미리 예방하고 대처해야 한다.

팀장이 업무 연계부서의 협조를 얻는 방법을 몇 가지 소개하면 다음과 같다.

첫째, 가장 중요한 것은 평상시 상호 간의 신뢰와 소통을 구축하는 것이다.

둘째, 연계부서의 협조가 필요한 일은 계획 단계부터 사전에 관계자 회의를 통해 협조를 구해야 한다. 이는 부서 간 업무를 공유하여 불필요하고 중복되는 일을 최소화하는 효과도 있다.

셋째, 업무 추진 단계에서도 팀장의 지속적인 관심을 통해 연계부서의 협조를 구해야 한다.

넷째, 업무를 마무리한 후에도 협조에 대한 감사를 표해야 한다. 이는 미래에 또 있을 협조에 도움이 된다. 이러한 팀장의 노력이 뒤따르면, 조직 전체의 업무 효율성이 높아지지 않을 수 없다.

아울러 팀장은 업무적인 외풍으로부터 직원을 보호하는 울타리가 되어야 한다. 직원들은 팀장의 지도하에 일하고 있기 때문이다. 직원들은 자신들의 대외적인 안전 및 보호를 위해 팀장이 최선을 다하길 기대한다. 따라서 팀장은 내 직원은 내가 지킨다는 마음 자세를 취해야 한다. 직원들은 팀장이 자신들을 보호하고 책임지는 것을 느낀다면 더욱 열심히 일할 것이다.

5) 한 업무, 한 직원에게 올인하지 말라(중심 잡기)

팀장이 꼭 해야만 하는 일과 역할도 많다. 하지만 반드시 해서는 안 되는 규칙과도 같은 일들도 있다. 그 가운데 하나가 팀장이 중심을 잃고 한 업무에 치중하거나, 한 직원에게 편중하는 일이다. 그런데 간혹 이러한 규칙을 지키지 않는 팀장들도 있다.

먼저, 팀장은 한 가지 업무에만 치중하면 안 된다. 그 이유는 하나, 총괄 업무나 다른 팀원들의 업무에 소홀해진다. 팀장은 팀의 업무를 총괄하고 팀원들의 개별 업무를 지도하는 역할을 맡고 있기 때문이다. 따라서 팀장은 여러 업무를 동시에 관리하면서 팀원들의 업무 진행 상황을 모니터링하고 필요한 지원을 해야 한다. 또한, 팀원들의 업무 능력과 성향을 파악하여 각자의 역할에 맞게 분배하고 업무 진행 상황을 체크하고, 지속적인 피드백을 해야 한다. 따라서 팀장은 한 업무에 치중하지 않아야 다양한 역할을 수행하며 팀원들을 지원할 수 있다.

둘째, 팀의 다른 구성원들에게 소홀해진다. 팀장은 전반적인 일정과 업무를 관리하는 역할을 해야 하기 때문이다. 다른 구성원들의 일정과 업무까지 적극적으로 파악하고 지원해야 한다. 만약 팀장이 한 업무에만 치중하게 된다면, 다른 구성원들은 자신의 업무를 완수하기 위해 혼자서 지켜야 하는 상황이 발생할 수 있다. 이는 팀의 협업과 업무 효율성을 저하시키는 결과를 낳을 수 있다. 팀장은 전반적인 업무를 파악하고 각 구성원들의 역할과 일정을 적극적으로 지원해야 한다.

다음으로, 팀장이 한 직원에게 치중하면 안 되는 이유는 여러 가지가 있다.

첫째, 다른 직원들이 불공평함을 느끼게 된다. 팀은 협력과 팀워크를 통해 성공할 수 있다. 그런데 한 직원에게 너무 많은 시간과 에너지를 소비하면 다른 직원들은 배제되고 무시당하는 느낌을 받는다. 이는 팀 내 갈등을 유발하고 성과를 떨어뜨린다.

둘째, 팀장이 다른 직원들의 잠재력을 놓치게 된다. 직원들은 저마다 독특한 능력과 아이디어를 가지고 있다. 그러나 한 직원에만 치중하면 다른 직원들의 잠재력을 인식하지 못하고 놓치게 된다. 이는 팀의 성과와 혁신을 저해할 수 있다.

셋째, 팀장이 한 직원에게 지나치게 의존하면, 그 직원의 부재 시 문제가 발생할 수 있다.

마지막으로, 치중하는 직원의 개인적인 성장을 방해할 수 있다.

팀장은 직원들이 개인적으로 성장하고 발전할 수 있도록 지원하는 역할을 해야 한다. 그러나 한 직원에게 너무 많은 관심을 기울이면 다른 직원들은 자신의 개인적인 성장에 소홀함을 느낄 수 있다. 따라서 팀장은 한 직원에게만 치중하지 않고 직원 모두에게 공평하게 관심과 지원을 제공해야 한다.

6) 불필요한 형식은 제발 없애자(업무 개선)

팀장이 리더이자 공직자의 한 사람으로서 해야 하는 일이 혁신과 개선이다. 혁신과 개선은 팀장들이 주도적으로 해야 한다. 팀장은 일을 총괄하면서 전반적으로 다루기에 개혁과 개선점을 더 잘 파악할 수 있고 진단할 수 있다. 또한 개혁과 개선은 추진력이 따라야 하는데 이는 팀장이 제격이다. 팀장이 업무 추진상 선도적으로 해야 하는 개혁과 개선 대상은 많다. 하지만 여기서는, '불필요한 형식', '조직의 불합리함', '낭비적인 요소'에 대해 제시해 보고자 한다.

첫째, 업무를 추진할 때 '불필요한 형식'을 없애는 일이다. 예컨대, 형식적인 문서 작성을 줄이고, 회의 시간을 최소한으로 단축하며, 필요한 정보만을 공유하는 것이다. 이를 통해 직원들은 업무 효율성을 높일 수 있다. 따라서 팀장은 불필요한 형식을 줄이면서도 목표를 달성하는 방법을 찾아나가야 한다.

둘째, 업무 추진에 장애를 주는 '조직의 불합리함'을 없애는 일이다. 이러한 문제를 해결하기 위해서는 팀장이 적극적으로 개선 방안을 모색하고 실행해야 한다. 그리고 이를 위해서는 불합리한 상황을 파악하고 그 원인을 분석하는 것이 필요하다. 가장 일반적인 문제로는 '업무 분담의 불균형', '의사결정의 집중화', '정보의 부족', '의사소통의 미흡', '업무 프로세스의 불명확함' 등이 있다. 팀장은 이러한 문제점들을 해결하기 위해 각 담당자들의 역할과 책임을 명확히 분담하고, 의사결정에 있어서는 모든 구성원의 의견을 수렴하며, 정보의 공유와 업무 프로세스의 개선을 위해 노력해야 한다.

셋째, 업무 추진 시 제거해야 할 '낭비적 요소'들이다. 예를 들어, '회의 시 지나친 대화', '업무에 불필요한 이메일', '업무와 무관한 만남' 등에 따른 시간 낭비가 있다. 이러한 요소들은 업무의 진행을 방해하고 생산성을 떨어뜨린다. 팀장은 낭비적 요소들을 제거하고 효율적으로 업무를 추진하도록 노력해야 한다. 이를 위해 팀원들과의 원활한 소통과 업무의 우선순위를 명확히 하며, 필요한 경우 업무의 분업과 일정 조정을 통해 업무의 효율성을 높여야 한다.

팀장은 업무 추진 시 불필요한 형식들은 제거하고, 핵심적인 내용에 집중해야 한다. 형식적인 절차나 문서 작성 등으로 시간과 에너지를 낭비하는 것은 좋지 않다. 대신 목표를 명확히 하고, 팀원들 간의 소통을 원활하게 하며, 일정한 업무 프로세스를 구축해 나가야 한다. 불필요한 형식을 줄여야만이 핵심에 집중하여 효율적으로 일할 수 있다.

다산(茶山)에게 배운다

리더의 업무 관리

팀장은 팀원들의 관리와 직원들이 업무분장을 통해 맡고 있는 업무들도 총괄 관장해야 한다. 나아가 팀에서 가장 핵심적인 업무도 직접 책임지고 해야 하는 막중한 일을 하고 있다. 팀장은 각 팀원이 맡고 있는 업무를 파악하고 지원해야 한다. 또한, 팀의 핵심 업무에 대해서는 직접 책임을 지고 수행해야 하므로, 효과적인 의사소통과 리더십이 중요하다. 팀장의 역할은 팀의 성과에 큰 영향을 미치기 때문에, 팀원들과의 신뢰 관계를 구축하고, 목표를 명확히 설정하는 것이 필수적이다

여기에서는 다산이 제시하는 리더의 팀의 업무 관리에는 어떠한 방안들이 있는지에 대해 알아보고자 한다. 우선 먼저, 직원별 업무 추진 상황표를 만드는 일이다. 다산은 『목민심서』 제5강 이전(吏典) 6조(條)의 제1조 속리(束吏, 직원 다스리기)편에서 '상관기수월(上官旣數月) 작하이이력표(作下吏履歷表) 치지안상(置之案上)'이라고 얘기하고 있다. 이를 해석하면, '책임자로 부임하고 2~3달이면 직원들의 업무 상황표를 만들어 책상에 두어야 한다'는 말이다. 팀장으로 부임한 후 직원들의 업무 상황표를 만드는 것은 오늘날에도 필요하다. 첫째, 팀의 업무를 분

석하는 것이다. 각 직원의 역할과 책임을 명확히 파악하는 것으로 시작한다. 어떤 업무를 수행하는지 주요 성과 관리 지표는 무엇인지 분석한다. 둘째, 업무별로 자료를 수집하는 것이다. 직원들과의 개별 면담이나 조사를 통해 각 업무별 진행 상황과 어려움 그리고 필요 사항 등을 수집하는 것이다. 셋째, 업무별 상황표를 작성하는 것이다, 업무별로 각 담당 직원과 담당업무 및 진행 상황과 업무 종료일 그리고 문제점 등을 파악하고 기록해야 한다. 넷째, 정기적인 업데이트로 점검하는 것이다. 상황표를 주기적으로 업데이트할 수 있는 시스템을 마련해야 한다. 매주 또는 매월 회의를 통해 진행 상황을 점검하는 일이다. 마지막으로 업무별로 피드백을 제공하는 것이다. 상황표를 통해 직원들에게 피드백을 제공하고, 물적 · 인적은 물론 재정적으로 필요한 사항을 물어 이에 대한 지원을 아끼지 않도록 해야 한다. 팀장은 이러한 과정을 통해 직원들의 업무 상황을 효과적으로 관리하고, 팀의 업무 성과를 높일 수 있다.

다음은 보고문서는 공문서의 제 규정에 맞도록 검토하고 결정해야 한다. 다산은 『목민심서』 제3강 봉공(奉公) 6조(條)의 제4조 문보(文報, 보고문서 처리방안)편에서 '설폐지장(說弊之狀) 청구지장(請求之狀) 방색지장(防塞之狀) 변송지장(辨訟之狀) 필기문사조창(必其文詞條鬯), 성의측달(誠意惻怛) 방가이동인(方可以動人)'이라고 얘기하고 있다. 이를 해석하면, '병폐의 보고, 상부에 반하는 보고, 예산 관련 보고는 문장에 조리가 있어야 한다. 성의를 간결하게 보여야만 상부의 마음을 움직일 수 있다'는 말이다. 모름지기 관공서의 문서, 즉 공문서는 정부기관이나 공공기관에서 작성되는 공식 문서다. 공문서는 형식과 내용이 정해져 있다. 일반적으로 제목, 수신자, 발신자, 본문, 첨부파일, 서명 등의 요소로 구성된다. 또한 보고서는 명확하고 간결해야 상부의 이해를 돕고 신뢰를 얻을 수 있다. 병폐의 보고는 문제의 본질을 정확히 전달하고, 상부에 반하는 보고는 대안이나 해결 방안을 함께 제시하는 것이 중요하다. 예산 관련 보고는 필요한 자료와 근거를 제시하여 설득력을 높여야 한다. 이렇게 작성된 보고서는 상부의 마음을 움직이는 데 효과적일 것이다. 팀장은 직원들의 보고서를 이러한 기준으로 면밀하게 검토하여 결정을 해야 한다.

5. 민원 해결의 베테랑이 되는 방법(민원 관리)

1) 민원 해결에 왕도는 없다(학습 자세)

팀장의 역할이 잘 드러날 수 있는 부분이 민원을 해결하는 일이다. 왜냐하면 팀장에게 올 정도의 민원이면 쉽게 해결될 일이 아니기 때문이다. 적어도 내용이 까다롭다거나 아니면 민원인 자체가 상대하기 어려운 상황이 대부분이다. 이러한 경우에 직원들이 믿는 구석은 하나, 바로 팀장이다. 따라서 팀장은 민원 해결에 진심으로 다가가서 노력해야 한다. 직원들의 믿음에 실망을 안겨줘서는 안 된다. 여기서는 민원을 해결하는 데 도움이 될 만한 이야기를 하고자 한다.

민원은 조직 내에서 발생할 수 있는 다양한 문제들 가운데 하나이다. 이를 놓치면 조직의 업무에 지장을 줄 수 있다. 특히 쉽게 해결이 안 되고 골치 아픈 민원은 직원들에게 스트레스를 주는 동시에 다른 업무 처리의 효율성을 떨어뜨린다. 또한 민원 처리를 소홀히 하면 조직 내에서의 신뢰도가 떨어지게 되어 조직의 이미지에도 영향을 미칠 수 있다. 따라서 팀장은 민원 처리를 위한 다양한 학습과 체계적인 시스템을 구축해야 한다.

팀장은 민원 해결에 많은 관심과 노력을 기울여야 한다. 그 이유는 공무원은 국민 서비스를 제공하는 주체이기 때문이다. 나아가 팀장들에게 민원을 해결해야만 하는 중요한 역할, 중책이 주어져 있기에 그렇다. 또한 민원 해결을 통해 국민의 신뢰를 얻을 수 있다. 따라서 팀장은 관련 법규는 물론 팀 업무를 끊임없이 학습하고, 민원 해결을 위해 최선을 다해야 한다.

민원 해결에 왕도는 없다. 경험에서 얻은 지식과 노하우를 바탕으로 네 가지 방법을 소개하자면 다음과 같다.

첫째, 빠른 대응이 필요하다. 민원의 늑장 대응이 불러오는 위험들은 예측조차 어렵다.

둘째, 아는 만큼 민원 해결은 쉽다. 팀장들은 부서와 관련이 있는 법령과 지침은 수시로 학습하고 익혀야 한다. 업무에 대해서도 끊임없이 배우고 노력하여 어떤 상황의 민원이 발생해도 막힘없이 해결하도록 해야 한다.

셋째, 세심한 배려와 친절한 태도가 필요하다. 친절과 공감만큼 사람을 움직이는 건 없다.

마지막으로는, 시대와 변화에 맞는 민원 응대가 필요하다.

해결책을 찾을 때까지 끝까지 노력하는 것이다.

2) 늑장 대응에 남는 건 욕뿐이다(신속성)

팀장들이 민원 해결의 첫 번째로 꼽는 것은 빠르게 대응하는 것이다. 민원 해결에 늑장 대응을 해서는 안 된다는 얘기다. 이러한 늑장 대응의 문제점은 언론을 통해서도 자주 들어온 이야기여서 잘 알고 있을 것이다. 민원에 늑장 대응하고 설사 해결을 좋게 해주었다고 하더라도 공무원들에게 돌아오는 건 욕뿐이다. 따라서 팀장들은 늑장 민원으로 욕먹는 일을 만들지 말자.

공무원이 민원을 늑장 대응하는 원인은 다양하다. 가장 큰 원인은 인력의 부족이다. 특히 인구 증가와 함께 민원이 급증함에 따라 공무원의 업무량이 많아졌다. 이에 따라 민원 처리 속도가 늦어지는 문제가 발생하고 있다. 다음은, 민원 처리에 대한 전문성이 부족한 점이다. 자치단체별로 차이가 있을 수 있겠지만 도시가 확장하는 지자체는 신규 직원이 많다. 신규 직원들은 업무는 물론 민원을 처리하는 절차와 과정에서도 시간 지연과 미숙함이 뒤따르는 것이 사실이다. 마지막으로, 공무원의 업무 태도와 윤리적인 문제도 민원 처리 지연의 원인 중 하나이다. 안이하게 미루는 것이 그 예라고 할 수 있다.

이러한 연유로 민원 해결이 늦어지면, 민원뿐 아니라 다른 문제까지 심각해진다. 어찌어찌하다가는 "뭐 하다가 이제 와서"라는 언론의 비판 보도까지 접하는 상황도 발생한다. 그렇지 않더라도 민원인으로부터 '핑계부서'나 '늑장행정시청'으로 욕먹는 것까지도 각오해야 한다. 이러한 상황은 결국 위로 과·국장, 단체장으로부터 질책까지 감수하는 좋지 않은 결과로 종결된다. 맞다. 민원을 안이하게 미루거나 절차 과정을 핑계로 해결에 늑장 대응하면, 좋은 결과를 주어도 돌아오는 건 욕뿐이다.

팀장들은 늑장 민원으로 욕먹는 일을 만들지 말자. 팀장 자신을 위해서도, 직원들을 위해서도 옳지 않다. 민원인의 목소리가 조금 커진다 싶으면 주의 깊게 살펴보자. 가끔은 직원들에게 "특이한 민원은 없어?", "요즘 진상 민원이 안 보이네?"라며 민원 관련 질의를 통해 안이하게 넘어가는 민원도 짚어보도록 하자.

팀장이라면, 공복(公僕)으로서 국민의 입에서 만시지탄(晩時之歎)의 한숨 소리가 나오지 않게 하는 것이 바람직하지 않을까?

3) 내용을 알면 해결책이 보인다(판단력)

세상일은 몰라서 잘못되는 경우가 많다. 사람은 누구나 살아가면서 매일 수많은 결정을 내린다. 그러나 그 결정이 항상 옳은 것은 아니다. 때로는 우리가 알지 못해서 잘못된 선택과 결정을 하기도 한다. 그렇다면 어떻게 해야 할까? 결정하고자 하는 것에 대해서 더 배우고, 더 경험하며, 더 생각해야 한다. 알고 나면 판단하기도 쉽고 잘못된 결정을 내릴 확률의 최소화가 가능하다. 여기서는 민원 해결에 판단력을 높일 수 있는 몇 가지 안을 제시해 보고자 한다.

첫째, 민원이 발생하면, 가장 먼저 민원에 대한 정확한 내용부터 파악해야 한다. 정확하지 않은 내용은 판단에 큰 영향을 미친다. 또한 정보의 오류도 결정을 내리는 데 많은 지장을 초래한다. 그러므로 더욱더 신중하게 민원 내용을 탐색해야 한다. 때에 따라서는 외부의 현장과 관련된 민원은 현장을 확인하는 것도 필수이다.

둘째, 민원과 관련된 법규와 지침을 파악해야 한다. 공공기관에서 처리되는 대부분의 민원은 법적인 근거가 있기 때문이다. 이를 파악하지 않으면 해당 민원에 대한 적절한 해결이 어려울 수 있다. 또한 민원 해결에는 정해진 절차가 있다. 이를 정확하게 따르지 않으면 민원 해결이 지연될 수 있다.

셋째, 관련된 다양한 직원들의 의견을 수렴해야 한다. 이를 위해서는 담당 직원은 물론 업무로 연계된 직원들 모두의 의견 수렴이 필수적이다. 민원 업무가 현장과 관련된 민원이면 현장은 물론 현장 직원들의 의견도 들어야 한다. 또한 전문가들의 의견도 중요하다. 전문가들은 그들의 전문 분야에서 최신 기술과 지식을 가지고 있기 때문이다. 자문 변호사 등 전문가들의 원활한 소통과 협력을 통해 민원 해결의 명쾌한 답을 찾아야 한다.

누구든지 불만이나 불편 사항을 제기할 수 있다. 하지만 정확한 내용을 파악하지 않고 해결을 시도하면 오히려 상황을 악화시킬 수 있다. 따라서 민원 접수 시에는 상세하고 명확한 내용을 제공해야 함을 명심하자. 또한 민원 처리 과정에서도 해당 문제에 대한 이해와 정확한 정보 수집은 필수이다. 이를 통해 불필요한 오해와 갈등을 예방하고, 신속하고 명확한 판단하에 민원 처리를 할 수 있다.

4) 먼저 민원인의 입장이 되어 보자(공감력)

사람은 살아가면서 때때로 갈등의 당사자가 되기도 한다. 그때 주변 사람들이 가장 많이 해주는 얘기가 있다. 바로 상대방의 입장이 되어 보라는 말이다. 내 생각과 나의 주장만 하지 말고 상대방의 시각과 상대방을 이해하려고 노력해 보라는 말이다. 그리고 그 말대로 해서 해결되고 화해되는 갈등들도 많으니 틀린 말이 아닌 것은 분명하다.

공직사회의 민원도 매한가지라고 생각한다. 민원의 정도가 크든 작든, 민원의 대상이 많든, 적든 크게 문제시되지 않는다. 여기서는 이러한 민원과 갈등 해결의 접근방법 중 하나로 공감력에 대해 제시하고자 한다.

갈등 해결을 위해서는 상대방을 이해하고 공감할 수 있는 능력이 필요하다. 자신의 의견과 감정에 치우쳐서 상대방을 이해하지 못하면 갈등은 심해지기 쉽다. 하지만 상대방의 입장에 귀를 기울이고 그들의 감정을 공감하며 대화를 이어가면 갈등을 해결할 수 있는 실마리를 풀 수 있다.

먼저, 팀장들은 민원을 처리할 때 민원인의 관점에서 생각해 보자. 민원인은 자신의 문제가 빠르게 해결되길 원한다. 때로는 당황스럽고 황당한 내용의 민원을 제기하기도 한다. 그럼에도 직원들은 민원인의 감정을 이해하고, 적극적으로 대처하여 문제를 해결해야 한다.

다음은 민원인의 이야기를 경청해야 한다. 그 이유는 민원인의 이야기를 경청하지 않고 문제를 해결하려고 하면, 그들이 원하는 해결책을 찾기 어렵기 때문이다. 직원들은 민원인의 이야기를 경청하여 그들의 관점을 이해하고, 문제를 해결할 수 있는 방법을 찾아야 한다.

팀장들은 민원인이 처한 상황을 공감할 수 있어야 한다. 이는 팀장들의 업무 수행 능력과 질적 향상에도 영향을 미친다. 민원인의 문제 해결을 위해서는 먼저 민원인의 입장에서 문제를 바라보고 그들의 감정을 이해해야 한다. 직원들은 민원인의 고통과 불편함을 공감하며, 그들의 이야기를 경청하고 문제 해결을 위해 노력해야 한다. 이러한 직원들의 태도는 민원인에게 신뢰감을 줄 뿐 아니라, 민원 처리 과정에서 생기는 갈등을 줄이고 상호 간의 협력을 촉진하는 데에도 큰 역할을 한다. 따라서 직원들은 민원인이 처한 상황을 공감할 수 있는 능력을 갖추어야 한다.

5) 변화의 렌즈로 민원을 바라보자(변화력)

사회 일각에서 공직사회, 공무원들을 변화에 둔감한 조직이라고 말들을 한다. 이 말에 동의 또는 부동의를 떠나서 개인이든 조직이든 변화의 흐름에 따라야 한다. 그리고 공무원 조직도 여기에서 자유로울 수 없다는 것은 모든 공직자가 공감할 것이다.

시대는 변화하는 데 반해 공직사회의 일부 공무원들은 변화를 따라가지 못하는 것도 사실이다. 이는 공직자들이 변화를 두려워하거나 기존의 체제를 유지하고자 하는 의식적 또는 무의식적인 저항으로 이어진다. 그러나 공직사회, 특히 팀장들은 시대의 변화에 적극 순응하며 변화를 끌어 나가야 하는 사람들이다.

따라서 팀장들은 업무를 보면서는 물론, 특히 민원이 발생하면 변화의 렌즈를 통한 시각을 갖도록 하자. 그래야만 하는 이유는 시민들의 의식도, 수준도 과거와는 다르기 때문이다. 이에 따라 민원도 과거와 다르게 복잡한 내용임을 알아야 한다.

현재 우리 사회는 시민들의 인식 수준이 과거와는 상당히 달라졌다. 과거에는 개인의 이익보다는 집단의 이익을 우선하는 사고방식이 강조되었다. 하지만 지금은 개인의 이익을 중시하는 경향이 더 강해졌다. 또한 개인의 권리에 대한 인식도 높아져서 다양한 청원과 시위 등을 통해 더 많은 인권을 요구하고 있다. 이러한 변화를 우리 공직사회도 따라가야 한다. 팀장들은 이에 걸맞게 바뀌고 달라져야 한다. 전문성과 윤리 의식을 바탕으로 하여 열린 마음으로 변화를 선도해야 한다.

이 시대의 또 다른 흐름은 법보다 사람이 먼저라는 것이다. 공무원들은 법의 규정대로 업무를 수행하는 것이 중요하다. 하지만 이는 사람들의 복지와 안전을 위한 것이다. 따라서 팀장들은 법보다 먼저 사람들의 안전과 복지를 고려해야 한다. 이를 위해서 팀장들은 업무를 수행할 때, 능동적으로 사람들의 요구를 파악하고 그에 따라 적극적으로 대처할 필요가 있다. 또한 공무원들은 공정성과 투명성을 유지하면서 사람들의 요구에 민감하게 대응해야 한다.

이러한 시대의 변화와 흐름에도 불구하고 변하지 말아야 하는 것도 있다. 그것은 바로 공무원의 본질을 잊거나 벗어나서는 안 된다는 것이다. 공무원은 국민을 위해 일하고, 정부의 정책을 실행하는 역할을 맡는다.

시대가 변함에 따라 공무원의 역할도 변화하고 있다. 디지털 시대에는 공무원들도 디지털 기술에 능숙해져야 한다. 급변하는 정치 · 경제 상황에서는 빠르고 유연하게 대처할 수 있어야 한다. 그러나 이 모든 변화 속에서도 공무원의 가치와 역할을 잊어서는 안 된다. 팀장들은 국가의 안정과 발전을 위해 노력하며, 국민의 이익을 최우선으로 생각해야 한다. 따라서 팀장들은 언제나 자신의 역할과 책임을 명확히 이해하고, 그 가치를 지켜 나가야 한다.

다산(茶山)에게 배운다

리더의 민원 관리

다산 정약용의 『목민심서』는 조선 시대의 중요한 행정 및 윤리적 지침서다. 다산은 여기에 백성을 어떻게 잘 다스릴 것인지에 관한 깊은 통찰을 담고 있다. 리더인 목민관이 가져야 할 도리와 책임을 강조하고 있다. 다산의 『목민심서』를 관통하는 하나의 핵심은 백성이다.

『목민심서』에서 다산은 백성을 사랑하고 그들의 고통을 이해하는 것이 중요하다고 주장한다. 그는 목민관이 백성을 위해 봉사해야 하며, 공정하고 도덕적으로 행동해야 한다고 강조하고 있다. 또한, 백성의 의견을 경청하고 그들의 삶을 개선하기 위한 정책을 마련해야 한다고 언급한다. 다산의 이러한 사상은 백성과의 소통 및 신뢰를 기반으로 한 리더십의 중요성을 일깨워 주고 있다.

여기에서는 다산이 제시하는 리더의 시민을 생각하고 민원 업무를 처리하는 방안들에 대해 알아보고자 한다.

우선 먼저, 시민을 위로하고 민심을 얻도록 노력해야 한다는 것이다. 다산은 『목민심서』 제3강 봉공(奉公) 6조(條)의 제6조 왕역(往役, 수령의 복무자세)편에서 '열이영민(悅以勞民) 무득중심(務得衆心) 사공기집의(事功其集矣)'라고 얘기하고 있다. 이를 해석하면, '리더는 시민을 기쁘게 위로하며 민심을 얻도록 노력해야 성공할 수 있다'는 말이다. 팀장은 공무원 리더 가운데 시민들과 가까이 접할 수 있으며 일을 하는 직책이다. 팀장이 시민을 기쁘게 위로하고 민심을 얻기 위해 해야 할 일에 대해 몇 가지를 소개하고자 한다.

① 시민들과의 소통을 강화하는 것이다. 시민과의 원활한 소통을 통해 그들의 의견과 감정을 이해하고 반영한다. 정기적인 대화와 피드백 세션을 마련할 수 있다.

② 시민들과 함께 공감하고 이해하는 것이다. 민원이 발생하였을 때, 시민들이 겪고 있는 어려움에 대해 공감하고 이해하는 모습을 보여줄 수 있다. 또한 그들의 문제를 긍정적인 방향에서 해결하기 위해 노력해야 한다.

③ 시민들을 위한 지속적인 지원과 도움 정책을 펼치는 것이다. 시민들을 위한 정책이나 프로그램을 마련하여 그들의 삶의 질을 향상시키는 시책들을 개발하는 것이다. 나아가 시민들에게 실질적인 도움을 제공하도록 노력해야 한다. 이러한 노력들이 시민들의 신뢰를 얻고, 긍정적인 민심을 형성하는 데 큰 도움이 될 것이다.

둘째, 시민 스스로 권분할 수 있도록 적극 노력해야 한다는 것이다.

다산은 『목민심서』 제11강 진황(賑荒) 6조(條)의 제2조 권분(勸分, 나누어 돕기)편에서 '권분야자(勸分也者) 권기자분야(勸其自分也), 권기자분(勸其自分) 이관지생력 다의(而官之省力 多矣)'라고 얘기하고 있다. 이를 해석하면, '권분은 시민들이 스스로 나누어 주도록 권하는 것이다. 부자들이 스스로 나눈다면 관(官)의 힘이 덜어진다'는 말이다. 권분은 시민들이 자발적으로 자원을 나누는 것을 장려하는 것으로 오늘날 기부 또는 후원과 같은 개념이다. 이는 사회적 연대와 공동체 의식을 강화하는 데 기여할 수 있다. 부자들이 스스로 나누는 경우, 정부의 개입이 줄어들고, 사회적 불평등을 완화하는 데 도움이 될 수 있다. 과거는 물론 지금도 설과 추석에 다양한 기부와 후원을 통해 불우이웃돕기가 이어지는 전통적 미풍양속을 볼 수 있다. 팀장인 리더들이 이러한 일에 적극 나선다면 개인의 책임감과 자발적인 기부 문화를 촉진할 수 있겠다.

6. 바람직한 의사결정을 하는 방법(의사결정)

1) 얼토당토않은 결정은 수긍이 어렵다(납득 불가)

팀장의 역할과 리더십을 가장 잘 보여주는 일이 소통의 결과물에 따른 의사결정이다. 팀장은 직원이 아니고 팀의 책임자다. 직원들을 리드하고, 회의를 진행하고, 팀 업무의 방향 설정과 주요 사항을 결정해야 한다. 팀장은 수시로 팀원들의 의견을 듣고 분석한 후에 최선의 결정을 내려야 한다. 여기서는 의사결정에 도움을 줄 방안을 제시하고자 한다.

먼저, 팀장이 자신만의 판단으로 얼토당토않은 의사결정을 내리는 경우가 종종 있는데 그러면 안 된다. 이러한 결정은 팀에 부정적인 영향을 미친다. 또한 팀장은 직원들의 신뢰를 잃게 된다. 팀장은 항상 충분한 정보 수집과 분석을 통해 신중하게 의사결정을 내려야 한다. 그리고 팀원들의 의견을 적극적으로 수렴하고, 토의를 통해 합의점을 도출하는 과정과 절차를 밟아야 한다. 이러한 과정을 통해 팀원들의 참여와 소통이 증진된다. 아울러 조직의 성과 또한 향상될 수 있다. 따라서 팀장은 자신의 판단에만 의존하지 않고, 팀원들과 함께 협력하여 의사결정을 내리는 것이 바람직하다.

팀장들은 팀원들의 신뢰를 얻기 위해 투명하고 정직한 의사결정을 해야 한다. 따라서 팀장은 항상 논리적으로 생각하고 팀원들과 소통하여 최상의 결과를 끌어내는 노력을 기울여야 한다.

팀장들은 신중하게 결정을 내리고, 그에 따른 책임을 질 수 있어야 한다. 하지만 때로는 결정을 내리기 어려운 상황도 발생할 수 있다. 이때는 팀원들과 함께 논의하고, 다양한 의견을 수렴하여 최선의 결정을 내리는 것이 중요하다. 또한 결정을 내린 후에는 그것을 실행해야 한다.

팀장들에게 의사결정 능력은 꼭 필요하다. 의사결정에서는 빠르고 정확한 판단이 필요하다. 그리고 팀원들의 의견을 고려하여 적절한 방향을 제시해야 한다. 또한 의사결정에 대한 책임을 지고 결과를 잘 관리하여 팀의 성과를 높이는 것이 팀장의 역할이다. 따라서 팀장은 항상 자신의 역량을 발전시키고, 팀원들과의 소통을 통해 팀의 목표를 달성할 수 있는 의사결정 능력을 갖추어야 한다.

2) 법규와 지침을 뛰어넘는 기준은 없다(법규 우선)

공무원들이 업무를 처리하면서 의사결정 과정과 기준은 매우 중요하다. 이 결정은 국가와 국민의 이익을 위한 것이어야 한다. 그리고 합법적이고 투명해야 함은 두말할 필요가 없다. 또한 당연한 일이지만 공무원은 자신의 개인적인 이익보다는 국가와 국민의 이익을 최우선으로 고려해야 한다. 이를 위해 팀장은 적극적인 정보 수집과 분석을 하고, 합리적인 판단과 선택을 내려야 한다. 또한 공정성과 투명성 확보를 위해 다양한 이해관계자들과의 소통과 협력이 필요하다. 의사결정 과정에서 가장 중요한 고려 사항은 법적인 사무냐 아니냐 하는 것이다.

우선 먼저, 법적인 사무가 아닌 경우이다. 팀장은 직원들의 일 처리 의사결정 기준은 각자의 업무 분야에 대한 전문성과 경험에 따라 다를 수 있다는 것을 이해해야 한다. 또한 직원들의 개인적인 성향과 업무 스타일도 고려해야 한다. 이러한 다양한 요인들을 고려하여 팀장은 적극적으로 직원들과 소통하고 협력하여 업무 처리의 기준을 정하는 것이 중요하다. 또한 일 처리의 기준이 명확하게 정해져 있으면 직원들은 효율적이고 원활한 업무 수행이 가능하며, 팀 전체의 성과도 향상될 수 있다는 것을 염두에 두어야 한다.

다음은, 법적 사무인 경우이다. 공무원이 하는 일은 대부분 법적 사무라고 할 수 있다. 또한 공무원의 법적 업무는 법규와 절차가 정해져 있다고 볼 수 있다. 따라서 공무원은 법령을 준수하며, 정해진 절차에 따라 업무를 처리해야 한다. 이는 공무원들의 업무 처리의 효율성과 일관성을 보장하며, 공정한 결정을 내리기 위한 필수적인 요소이다. 따라서 공무원들은 항상 법규와 절차를 엄격하게 준수하여 국민의 이익을 보호하고, 공정한 사회 구성을 위한 역할을 해야 한다.

따라서 팀장들은 일 처리 의사결정을 내릴 때, 법규와 지침을 우선해서 고려해야 한다. 이는 조직 내부의 규칙을 지키고, 법적인 문제를 예방하기 위해 중요하다. 팀장들은 상황에 맞게 적절한 법규와 지침을 참고하여 의사결정을 내리는 것이 바람직하다. 또한 이를 통해 조직 내부의 안정성과 신뢰도를 높일 수 있으며, 긍정적인 업무 환경을 조성할 수 있다. 팀장은 항상 법규와 지침을 염두에 두고, 효율적인 일 처리를 이룰 수 있도록 노력해야 한다.

3) 다짜고짜 독단적인 처리는 지양하자(독단 불가)

팀장이 되면 어느 정도의 결재 권한도 주어진다. 업무를 통솔할 수 있는 권한이 다소 있다고 하더라도 독단으로 결정하면 안 된다. 직원들은 그들만의 전문성과 아이디어를 가지고 있다. 특히 요즈음 직원들은 학력도 능력도 뛰어나다. 팀장은 이를 존중하고 활용해야 한다. 또한 팀원들의 참여와 의견 수렴을 통해 더 나은 결과를 얻을 수 있다. 나아가 팀장이 독단적인 생각과 마음으로 의사결정을 하면 다음과 같은 부정적인 일들이 생길 수 있다.

첫째로, 팀원들은 자신들의 의견을 제시할 기회를 놓친다. 또한, 자신들이 능력을 발휘할 기회마저 잃게 된다.

둘째로, 팀장이 모든 결정을 내리면 팀원들의 참여를 위한 화합 문화를 만들 수 없다.

마지막으로, 팀장의 독단적인 결정은 팀원들이 신뢰를 잃게 한다. 그리고 팀 내부의 커뮤니케이션과 협력을 방해할 수 있다.

따라서 팀장은 팀원들의 의견을 수렴하고, 협의하여 업무 결정을 내리는 방법이 팀의 성과와 만족도를 높이는 길이다.

팀장은 의사결정을 할 때 논의하고 토론하는 것이 좋다. 왜냐하면 팀원들의 의견을 듣고 존중하면서 더 나은 결정을 내릴 수 있기 때문이다. 또한 각자의 의견을 나누고 서로의 관점을 이해할 수 있는 기회를 제공하는 토론이 중요하다. 결국에는 팀 내 의사소통까지도 원활해진다. 그러므로 팀장은 의사결정을 할 때 논의와 토론을 장려함은 물론 직원 각자의 의견을 듣고 공감하며 함께 논의하는 문화를 만들어야 한다.

팀장이 논의와 토론을 통해 의사결정을 해야 하는 가장 큰 이유는, 팀원들의 의견을 수렴하면 보다 효율적인 결정을 내릴 수 있기 때문이다. 또한 토론을 통해 각자의 생각과 아이디어를 공유하며 서로의 시각을 넓힐 수 있고 이를 통해 문제해결 능력을 크게 높일 수 있다. 마지막으로, 토론을 통해 팀원들 간의 소통을 도울 수 있다. 이를 통해 팀의 협력과 유대감을 높이는 효과까지 얻게 된다.

4) 경험치가 최선의 결정일 수는 없다(논리 부족)

팀장들은 그 자리에 오기까지 인생은 물론 업무적으로 많은 경험과 체험을 해왔다. 그 경험에 대한 가치는 팀원들을 이끌고 업무를 진행하며, 팀장 역할의 기반을 이루는 데 큰 도움이 되었다. 하지만 그 경험치를 업무나 의사결정에 있어서 매번 적용하거나 강요해서는 안 된다. 팀장이 경험치로 의사결정을 하면 안 되는 이유를 세 가지로 설명하면 다음과 같다.

첫째, 경험치만으로는 상황의 복잡성을 완전히 이해하기

어렵다.

둘째, 경험이 많다고 해서 모든 상황에서 항상 옳은 결정을 내릴 수 있는 것은 아니다.

셋째, 경험이 항상 새로운 도전에 대처하는 데 도움이 되는 것은 아니다.

따라서 팀장은 경험치뿐만 아니라 다양한 정보와 전문적인 지식을 바탕으로 의사결정을 내려야 한다.

팀장이 쌓아온 경험치는 과거에 얻은 지식과 경험으로 한정되어 있다. 하지만 현재와 미래의 상황은 항상 변화한다. 단순히 경험치만으로 충분한 대처가 되기에는 한계가 있다. 따라서 팀장은 경험치를 바탕으로 한 판단이 아닌, 상황을 정확하게 파악하고 이를 바탕으로 논리적인 분석과 판단을 해야 한다. 또한 팀원들과의 의견 교환과 토의를 통해 더욱 효과적인 결정을 내리는 것이 좋다. 결국 경험치는 중요하지만, 단순히 경험치만으로 업무를 결정하면 미래에 대한 대응력이 부족해질 수 있으므로 상황을 파악하고 논리적인 판단을 하는 것이 필요하다.

그러면 경험치가 아닌 바람직한 의사결정이란 어떤 것일까? 논리적이고 합리적인 다양한 정보들을 수집하여 최선의 안을 선택하는 것이다. 의사결정을 내리기 전에 가능한 한 많은 정보를 수집하고, 그 정보들을 분석하며, 잠재적인 결과들을 고려해야 한다. 또한, 이전의 경험과 지식을 바탕으로 판단을 내리고, 객관적으로 상황을 평가하여 결정을 내릴 필요가 있다. 따라서 바람직한 의사결정을 내리기 위해서는 논리적 사고와 분석 능력, 경험과 지식, 객관적인 시각 등이 필수적으로 요구되며, 이러한 능력을 향상시키기 위해 노력해야 할 것이다. 팀장이 논리적으로 뒷받침되는 의사결정을 하면 좋은 이유는 세 가지가 있다.

첫째, 논리적으로 결정을 내리면 잘못된 결정을 줄일 수 있다.

둘째, 팀원들의 신뢰를 얻을 수 있다.

마지막으로, 논리적으로 결정을 내릴 때는 객관적으로 문제를 바라볼 수 있어서 더 나은 해결책을 찾을 수 있다.

따라서 팀장은 감정에 휩싸이지 않고 논리적으로 문제를 해결하며, 팀원들의 신뢰를 얻어 팀의 성과를 높일 수 있는 리더십을 발휘해야 한다.

5) 방향은 함께, 추진은 담당자가 주도하자(상하 조화)

팀장의 의사결정은 상향식과 하향식이 조화를 이루어 절충하는 방식이 바람직하다. 이는 팀원들의 의견을 수렴하면서도 조직의 목표와 비전을 고려하여 결정을 내리는 것이 중요하다는 것을 의미한다. 상향식은 팀원들의 아이디어와 의견을 적극적으로 수용하는 것이며, 하향식은 조직의 전략과 목표를 팀원들에게 전달하고 지시하는 것이다. 이 두 가지 방식을 조화롭게 결합하여 팀장은 팀원들의 참여와 협력을 유도하면서도 조직의 목표를 달성하는 역할을 수행할 수 있다.

팀장이 의사결정을 상하 조화를 갖춘 방식으로 하면 좋은 이유는 여러 가지가 있다.

첫째, 상향식 결정 방식은 팀원들의 의견을 수렴하고, 그들의 참여도를 높이며, 더 나은 아이디어를 도출할 수 있다.

둘째, 하향식 결정 방식은 팀장이 명확한 방향성과 목표를 제시하여 팀원들이 목표를 달성하기 위해 협력할 수 있는 환경을 조성할 수 있다.

셋째, 상하 조화를 갖춘 방식은 팀장이 팀원들과 논의하며 의견을 수렴하면서도 결정의 최종 책임은 팀장에게 있다. 때문에 팀원들의 혼란과 불만을 최소화할 수 있다.

따라서 팀장은 상하 조화를 갖춘 방식을 적극적으로 활용하여 팀원들의 참여와 협력을 유도하며, 팀 성과를 높이는 데에 중요한 역할을 해야 한다.

한편 팀장은 일의 방향을 결정하기 위해 팀원들과 함께 논의해야 한다. 그리고 추진은 담당자가 주도할 수 있도록 배려해야 한다. 이렇게 하면 담당자는 자신이 맡은 일에 최상의 방법을 찾아가며 임무 수행을 위해 책임을 다해 일에 노력할 것이다. 여기에 팀장은 담당자들을 지원하고 도와주면서, 일의 성공을 위해 필요한 리소스와 지침을 제공해야 한다. 이러한 방식으로 팀장과 담당자들이 함께 일을 추진하면 팀 전체의 성과와 성장에 큰 도움이 될 것이다.

다산(茶山)에게 배운다

리더의 의사결정

팀의 리더인 팀장은 팀의 모든 업무와 상황을 선택하고 결정하는 소임을 가진다. 아울러 그에 따른 성과의 기쁨과 실패에 대한 책임도 짊어져야 하는 사람이다. 그러므로 공공과 민간의 팀장은 물론 모든 리더들의 의사결정은 매우 중요하다. 따라서 리더는 의사결정의 최종 단계에 이르기까지 다양한 데이터의 수집과 직원들의 의견 수렴을 통해 최선의 결정을 하도록 노력해야 한다. 리더십과 소통 능력이 중요시되는 대목이다. 이러한 요소들의 중요성은 시대와 상황, 조직의 규모 그리고 리더의 자질에서조차 크게 벗어나 있지 않다고 할 수 있다. 여기에 다산 또한 『목민심서』를 통해 리더의 의사결정의 중요성에 힘을 보태고 있음을 알 수 있다.

여기에서는 다산이 제시한 리더인 목민관이 행해야 하는 의사결정 방안에 대해 몇 가지 사례를 통해 이야기하고자 한다. 우선 먼저, 리더는 법령을 준수함에 있어서 솔선해서 노력해야 한다는 것이다. 다산은 『목민심서』 제3강 봉공(奉公) 6조(條)의 제2조 수법(守法, 국법 준수하기)편에서 '형률소재(刑律所載) 의율율위구(宜慄慄危懼) 무감모범(毋敢

冒犯)'이라고 얘기하고 있다. 이를 해석하면, '리더는 법률에 정해진 것은 당연히 위반하는 일이 없도록 모범을 보여야 한다'는 말이다.

리더인 팀장이 법률을 준수하는 것은 중요하다. 법령에 반하는 의사결정을 하게 되면 조직과 직원들의 신뢰를 잃는다. 나아가 내부적인 징계는 물론 법적 책임까지지도 질 수 있다. 따라서 팀장은 의사결정 시 소관 업무에 대한 관련 법령을 잘 이해하고 여기에서 벗어나지 않도록 주의해야 한다. 그리고 이에 대해 수시로 팀원들을 교육해야 한다. 업무적이 아니거나 법령이 아닌 내부 윤리적인 부분에 이르기까지 준수하도록 이끌어야 한다. 법을 지키는 것은 조직의 지속 가능성과 성공을 위한 기본적인 요소이다.

둘째, 조례가 현실 업무에 맞지 않는다면 고쳐서 지키고 일해야 한다. 다산은 『목민심서』 제3강 봉공(奉公) 6조(條)의 제2조 수법(守法, 국법 준수하기)편에서 '읍례자 일읍지법야(邑例者 一邑之法也), 기부중리자(其不中理者) 수이수지(修而守之)'라고 조언하고 있다. 이를 해석하면, '조례는 그 시 · 군의 법이다. 맞지 않는다면 고쳐서 지켜야 한다'는 말이다.

팀장이라면 조례가 현실 업무에 맞지 않는 경우, 의사결정 시 이를 수정하고 적용하는 것은 매우 중요한 책임이 따른다. 우선 조례가 어떤 부분에서 문제를 일으키는지 구체적으로 분석해야 한다. 그리고 팀원이나 관련자들로부터 의견을 수렴하여 조례 수정의 필요성을 공감토록 해야 한다. 나아가 팀원과 함께 문제점을 해결할 수 있는 구체적인 수정안을 마련한다. 이후에는 수정안을 관계자에게 설명하고, 필요시 토론을 통해 합의를 도출하는 과정이 필요하다. 새로운 조례를 시행한 후에는 그 효과를 모니터링하고 지속적으로 피드백을 받아 개선함으로써 조례를 현실에 맞게 조정할 수 있다. 이러한 과정을 통해 조직의 의사결정의 효과성을 높일 수 있다.

셋째, 일에 대한 결정은 다양한 자료와 충분한 의견수렴을 통해 이루어져야 한다. 다산은 『목민심서』 제5강 이전(吏典) 6조(條)의 제1조 속리(束吏, 직원 다스리기)편에서 '부지이위지(不知以爲知) 수응여류자(酬應如流者), 목지소이(牧之所以) 타어이야(墮於吏也)'라고 조언하고 있다. 이를 해석하면, '모르면서 아는 체하며 물 흐르듯 결제하는 것은 리더가 스스로 직원의 꾀에 넘어가는 꼴이 된다'는 말이다.

팀장인 리더가 이렇게 의사결정을 내리면 조직 내 신뢰와 효율성이 저하될 수 있다. 따라서 팀장은 투명한 소통과 신뢰를 바탕으로 한 리더십을 유지해야 한다. 또한 직원들의 의견을 경청하고 일에 대한 자료 수집과 상황을 면밀히 파악하고 의사결정을 하는 것이 중요하다.

7. 과장과 직원 사이 징검다리 역할의 비법(완충 역할)

1) '강 건너 불 구경'은 안 된다(중재 역할)

공무원 조직의 팀장은 과장과 직원 사이를 중재하는 징검다리 위치에 자리하고 있다. 이러한 위치는 조직 내에서 원활한 의사소통과 효율적인 일 처리를 위해 그 역할을 원만하게 실행해야 한다. 과장과 직원 간의 갈등이나 이해하지 못한 부분을 해소하기 위해 팀장은 노력해야 한다.

그러나 이러한 역할은 쉬운 일이 아니다. 팀장들이 징검다리 역할을 잘하려면, 먼저 이해심을 가지고 객관적인 시각으로 문제를 바라볼 필요가 있다. 또한 상황을 잘 파악하고, 감정적인 요소를 배제한 판단을 내릴 수 있는 능력을 갖춰야 한다. 나아가 대화를 잘 이끌어가는 기술도 요구된다. 팀장이 이러한 능력을 갖추고 있다면, 과장과 직원 사이의 갈등 조정과 원활한 업무 수행에 도움이 될 것이다.

예컨대 A 공무원 팀장에게 들은 얘기를 하면 이렇다. A 공무원은 좋은 팀장이 되기 위해 꾸준히 노력하였다고 한다. 그러던 중, 어느 공직 선배 멘토가 “과장과 직원 사이에 고부간 갈등을 중재하는 아들이 되어라”라는 조언을 해줬다고 한다. 그 말을 듣고, A 팀장은 자신의 직책이 단순히 일만 하는 것이 아니라, 조직 내에서 갈등을 해소하고 조율하는 역할을 하는 것임을 깨달았다고 한다. 그 뒤에 A 팀장은 더욱 노력하며, 과장과 팀원들과의 소통을 통해 조직 내의 갈등을 해결하고자 노력하고 있다고 하였다.

팀장은 과장과 직원 사이를 ‘강 건너 불 구경’하듯 하면 안 된다. 이 말은 의미 있는 얘기다. 팀장은 조직에서 중요한 역할을 하기에 그들의 행동은 직원들에게 큰 영향을 준다. 만약 팀장이 과장과 직원 사이에서 강 건너 불 구경하듯 한다면, 직원들은 이러한 행동을 따라 할 수 있다. 이는 조직 내부의 갈등을 유발할 수 있다. 업무 추진은 물론 조직 문화인 팀의 분위기도 위험하다. 따라서 팀장은 항상 조직의 리더로서 모범을 보여야 하며, 조직 내부의 모든 구성원을 존중하며, 상호간의 신뢰를 유지해야 한다.

2) "노(NO)"라고 말하기 전 쉼을 갖자(과장 입장)

팀장으로서 과장의 경험과 경륜을 인정해야 한다. 과장은 팀장은 물론 팀원들의 멘토 역할을 하며, 팀의 성과에 큰 영향을 주는 존재이다. 따라서 과장의 경험과 경륜을 인정하고 존중하는 것은 팀원들의 신뢰를 얻는 데 중요한 역할을 한다. 또한 과장의 조언과 지도는 팀원들이 성장하는 데 큰 도움을 준다. 과장의 노하우와 경험을 적극 활용하면 팀원들은 더 나은 결과물을 만들고, 팀 전체의 업무 효율성 또한 높일 수 있다.

팀장은 미래의 과장이다. 가끔은 과장 대행도 해야 하는 것은 당연한 일이다. 이러한 상황에서 과장을 이해하는 것은 바람직한 방향이다. 과장이 가지는 책임과 역할을 이해하고 그들의 어려움을 공감하는 것은 조직 내에서 원활한 협력과 업무 수행에 필수적인 요소이다.

따라서 팀장은 과장의 지시에 "노(NO)"라고 말하기 전 쉼을 갖자. 이는 상사의 지시에 따르지 않고 거절하는 것이 아니라, 그 전에 충분한 생각과 검토를 거쳐 결정하는 것을 의미한다. 이는 조직 내의 의사소통과 업무 수행에 있어서 매우 중요한 요소이다. 즉, 팀장은 자신의 판단과 의견을 표현하면서도 조직의 목표와 원칙을 지키며 업무를 수행할 수 있어야 한다. 아울러 팀장은 직원들에게 과장의 관점을 대변할 필요가 있다. 그래야만 하는 이유가 몇 가지 있다.

첫째, 과장은 직원들보다 더 많은 경험과 지식을 갖추고 있다. 따라서 과장의 결정은 어느 정도 신뢰성이 있다.

둘째, 과장은 조직 내에서 업무 등의 결정권을 가진 중요한 역할을 담당하고 있다. 직원들에게 가장 적합한 결정을 내리기 위해서도 과장의 도움이 필요하다.

셋째, 과장은 조직의 이익과 목표를 위해 일한다. 그러므로 그의 입장을 따르는 것은 조직적으로 유리하다.

따라서 팀장이 직원들에게 과장의 입장을 설명하는 것은 조직 내에서 좋은 의사결정을 내리기 위한 중요한 요소 중 하나이다.

3) 직원의 적극적인 대변자가 되자(직원 입장)

팀장은 직원들의 일에 대한 도전 정신과 의욕을 인정해야 한다. 직원들이 자신들의 업무에 대해 열정적이고 적극적으로 접근하며, 새로운 아이디어와 방법을 시도하고 실천하는 것은 조직의 혁신과 발전을 위해 필요하다. 따라서 팀장은 직원들의 이 같은 업무 의욕에 대해 과장과의 사이에서 윤활유 같은 역할을 해야 한다.

팀장은 직원들의 생각과 의견을 과장에게 잘 전달해야 한다. 그래서 직원들과 과장 사이에 오해가 생기지 않도록 해야 한다. 이는 조직 내에서의 원활한 의사소통과 업무 진행에 매우 중요한 역할을 한다. 만약 팀장이 의견을 제대로 전달하지 않거나 오해가 생긴다면, 업무의 흐름이 막히거나 심지어는 실수나 문제가 발생할 수도 있다.

팀장도 과거에 직원이었다. 따라서 팀장은 직원들의 입장을 가장 잘 이해하고 있다. 이런 경험으로 팀장은 과장에게 직원들의 입장을 적극 대변할 수 있다. 팀장은 누구보다 직원들이 겪는 문제와 어려움을 잘 알고 있다. 때문에, 과장과의 의사소통에서 중요한 매개 역할을 할 수 있다. 이는 조직 내의 원활한 의사소통과 문제 해결에 큰 도움이 된다.

팀장이 과장에게 직원들의 입장을 적극 대변해야 하는 이유는 세 가지가 있다.

첫째, 직원들은 팀장과 과장의 결정에 직접적으로 영향을 받는다. 그들의 의견과 생각을 고려하지 않으면 조직 내부의 신뢰와 협력이 떨어질 수 있다.

둘째, 과장은 부서의 대표로서 외부와의 커뮤니케이션을 담당한다. 팀장은 직원들의 의견을 과장에게 적극 전달하여 과장이 이를 이해할 수 있도록 해야 한다. 그리고 과장도 직원들의 입장을 앞장서서 대변하지 않으면 조직의 이미지와 신뢰성이 하락할 수 있다.

마지막으로, 직원들의 입장을 고려하지 않으면 조직 내부에서 갈등과 불만이 생길 수 있다. 이는 업무 성과와 직원의 만족도를 떨어뜨리는 결과를 낳을 수 있다. 따라서 팀장은 직원들의 입장을 항상 고려하고, 그들의 의견과 생각을 존중하며 과장에게 적극 대변하는 것이 조직의 성공에 이바지할 수 있다.

4) '내 탓이오' 마음으로 다가가자(희생정신)

한 조직에서 인간관계는 참으로 중요하다. 특히 상사와 부하 간의 관계는 조직의 성과에 큰 영향을 끼친다. 이는 공직사회도 다르지 않고, 여기에서 팀장 역할의 중요성이 요구된다고 할 수 있다. 팀장이 과장과 직원들 사이에서 '내 탓이오' 하는 마음으로 다가간다는 것은 쉬운 일이 아니다. 팀장 스스로가 책임을 인식하고, 함께 일하는 사람들과의 관계를 중요하게 생각한다는 것을 보여주는 것이다. 이러한 자세를 보임으로써 팀원들의 신뢰와 존경을 얻을 수 있기 때문이다.

팀장은 직원을 지도하고 조직의 성과를 책임지는 위치에 있다. 좋은 성과가 있을 때는 과장과 직원에게 공로를 돌리는 마음가짐도 필요하다. 반대로 나쁜 결과가 나타날 때는 팀장이 책임을 지는 희생정신을 보여주는 것도 나쁘지 않다. 그렇다고 해서 과장과 직원들이 팀장이 고생한 것을 모르지 않는다. 공무원 조직에서 팀장이 과장과 직원들 사이에서 희생정신이 필요한 이유는 다양하다.

첫째, 팀장은 조직의 목표와 비전을 이루기 위해 팀원들의 인내심과 협조를 끌어내야 한다. 팀장이 먼저 희생정신을 보여주면 따라오지 않을 직원들이 없을 것이다.

둘째, 과장과 직원들은 각자의 역할과 책임을 수행하면서 서로의 업무를 보조하고 협력해야 한다. 이를 위해서는 자신의 업무보다 타인의 일을 먼저 생각하는 희생정신이 필요하다. 팀장이 먼저 자신을 낮추면 직원들도 협조에 동참할 것이다.

셋째, 조직 내부의 갈등과 충돌을 해결하기 위해서는 상호 존중과 양보의 자세가 필요하다.

넷째, 팀장은 직원들의 성장과 발전을 위해 노력해야 한다. 이를 위해서는 팀원들의 역량을 파악하고, 그들의 능력을 최대한 발휘할 수 있도록 돕는 희생정신이 필요하다.

다섯째, 팀장은 조직 내부의 업무를 원활히 수행하기 위해 자신이 가진 자원을 공유하고 활용해야 한다. 이를 위해서는 자신의 이익보다는 전체 조직의 이익을 최우선으로 생각하는 희생정신이 필요하다.

따라서 팀장은 희생정신을 가지고 조직을 리드하여 성공적인 업무를 수행할 수 있도록 노력해야 한다.

5) 소통과 존중의 조직 문화를 만들어라(화합문화)

팀장은 과장과 직원들 사이의 소통과 존중의 문화를 만들어야 한다. 이는 조직 내에서 원활하게 업무를 수행하고 직원들의 만족도를 높이는 데 중요한 역할을 한다. 소통의 부재는 업무 진행에 방해만 될 뿐이다. 또한 팀 내 갈등과 불만을 일으키는 원인이 될 수 있다. 따라서 팀장은 직원들 간 의사소통을 적극 권장해야 한다. 그리고 서로의 의견을 존중하며 협력하는 문화를 만들어 나가야 한다. 이를 위해 체계적인 회의 시스템과 피드백 제도를 마련하고, 상황에 따라 유연하게 대처하며, 직원들의 업무 수행에 필요한 교육과 지원을 제공해야 한다.

팀장의 역할 중 가장 중요한 것은 직원들과 과장 간의 화합을 이루는 일이다. 이를 위해서는 조직 문화를 구축하는 일을 필수적으로 추진해야 한다. 예컨대 팀장은 조직이 화합을 위해 다음과 같이 다섯 가지의 행동하고 실천하는 조직 문화를 만들어 가야 한다.

첫째, 투명한 의사소통의 유지이다. 이를 위해서는 상대방의 의견을 적극적으로 들어주고 존중하는 태도가 필요하다.

둘째, 상호 존중과 신뢰를 기반으로 한 팀워크이다. 이를 위해서는 서로의 역할과 책임을 명확히 분담하고 소통하는 것이 중요하다.

셋째, 문제 해결에 대한 적극적인 태도이다. 이를 위해서는 문제 상황을 정확히 파악하고, 다양한 방법을 시도해 보며 실패를 두려워하지 않는 자세가 필요하다.

넷째, 성과를 인정하고 보상하는 문화이다. 이를 위해서는 성과와 공적을 명확하게 측정하고 평가하는 체계가 필요하다.

다섯째, 변화에 대응하는 능동적인 태도이다. 이를 위해서는 적극적으로 학습하고 새로운 기술과 지식을 습득해야 한다.

이러한 조직 문화를 구축하면 직원들과 과장 간의 갈등을 예방하고, 조직의 성과를 높일 수 있다.

다산(茶山)에게 배운다

리더의 완충 역할

팀장은 공무원 조직의 일선 직위이다. 가장 작은 단위의 최말단 조직을 책임지는 직위이다. 최소 직원이 3명에서 30명까지 이르는 팀 직원도 관리해야 한다. 반면 위로는 과장을 보좌하고 나아가 국·실장 그리고 부단체장·단체장의 지시도 수행해야 하는 직책이다. 흔히 팀장을 샌드위치 직책이라고 한다. 팀장 직책이 '샌드위치 직책'이라고 불리는 이유는 이들이 팀원과 상위관리자 사이에서 중재 역할을 해야 하기 때문이다. 팀장은 팀원들의 의견과 문제를 상위관리자에게 전달하는 동시에, 상위관리자의 지시와 목표를 팀원들에게 전달하여 실행하도록 해야 한다. 여기에서는 다산이 리더인 목민관이 어떻게 완충 역할을 실행하도록 조언하고 있는지 그 사례와 함께 논의해 보고자 한다.

우선 먼저, 리더라면 상하 관계에서 예를 기반으로 원만한 대인관계를 갖기를 주문한다. 다산은 『목민심서』 제3강 봉공(奉公) 6조(條)의 제3조 예제(禮際, 예로써 교제하기)편에서 '예제자 군자지소신야(禮際者 君子之所愼也), 공근어례(恭近於禮) 원치욕야(遠恥辱也)'라고 얘기하고 있다. 이를 해석하면, '리더는 예를 바르게 하여 교제해야 한다. 공손함이 예에 맞으면 치욕에서 멀리할 수 있다'는 말이다.

리더는 팀의 방향성을 제시하고, 직원과 과장 간의 관계를 조율하는 중요한 역할을 맡고 있다. 이러한 리더십에서 예(禮)를 바르게 하는 것은 중요하다. 단순히 격식을 넘어, 상호 존중과 배려를 기반으로 한 행동을 보여줘야 한다. 팀장이 예를 갖추면 과장과 팀원들도 그에 따라 자연스럽게 행동할 것이다. 예를 지키면 신뢰를 쌓고 긍정적인 소통을 촉진할 수 있다. 예를 잘 지키는 리더는 구성원들에게 모범을 보이며, 이로 인해 팀의 분위기가 더욱 원활해지고 화합을 이루게 된다.

또한 예에 맞는 행동은 갈등을 예방하고 문제를 원만하게 해결하는 데 큰 도움이 될 것이다. 예를 갖춘 대화와 행동은 상대방에게 존중을 표현하고, 불필요한 오해나 갈등을 줄일 수도 있다. 예는 상대방으로 하여금 리더의 의도를 긍정적으로 받아들이게 하며, 이는 결국 조직 전체의 생산성과 효율성을 높이는 결과로 이어질 것이다.

둘째, 팀장은 상하 관계는 물론 구성원들에게 편중된 행동을 하지 말 것을 조언한다. 다산은 『목민심서』 제5강 이전(吏典) 6조(條)의 제1조 속리(束吏, 직원 다스리기)편에서 '성유편벽(性有偏辟) 이즉규지(吏則窺之), 인이격지(因以激之) 이제기간(以濟其奸)'이라고 얘기하고 있다. 이를 해석하면, '리더의 성품이 치우치면 직원들도 그에 따라 치우친 행동을 할 것이다'는 말이다.

리더의 성품이 치우치면 직원들도 유사한 행동을 하게 된다. 이유는 모방 학습과 사회적 규범 때문이다. 사람은 본능적으로 주변의 행동을 관찰하고 이를 모방하는 경향이 있다. 리더가 특정한 가치관이나 태도를 보이면, 직원들도 이를 자신의 행동에 반영하게 된다. 예를 들어, 리더가 불공정한 판단을 자주 내리면 직원들도 그러한 행동을 정당화하게 되고, 결국 조직 내에서 불신과 갈등이 생길 수 있다.

또한 리더의 성품은 조직의 전반적인 분위기와 직원의 행동에 깊은 영향을 미친다. 따라서 리더는 상하 관계에 있어서 자신의 행동과 태도가 직원들에게 미치는 영향을 항상 인식하고 치우치지 않도록 해야 한다. 이는 건강한 조직 문화를 형성하고, 직원들이 최선을 다할 수 있는 환경을 만드는 데 필수적이다.

8. 팀장에게 필요한 자기관리 방법(자기관리)

1) 리더십 향상을 위한 도움닫기(리더십 향상)

팀장들이 자기관리를 위해 필요한 일의 첫 번째로 꼽는 것이 리더십 향상이다. 그만큼 리더십은 꼭 필요하지만 힘들고 쉽지 않은 것도 사실이다. 우리는 종종 팀장이라는 역할에 대해 생각할 때, 팀장으로 승진하면서 리더십이 임용장과 함께 주어지는 줄 안다. 한편으로는 리더십은 시간이 흐르면, 공직 직급이 오르면 자연스럽게 형성되는 줄로 생각한다. 하지만 실제로 리더십은 그렇게 쉽게 형성되지 않는다.

팀장의 리더십은 매우 세심한 계획과 실행이 필요하다. 팀장들은 팀원들의 감정과 요구를 이해하고, 그들이 가진 각자의 장·단점을 파악해야 한다. 또한 팀장들은 팀원들에게 목표를 설정하고, 그것을 달성하기 위한 계획을 세워야 한다. 팀장이 리더십을 가지려면, 지속적인 학습과 개발, 그리고 팀원들과의 소통이 필수적이다.

따라서 팀장들에게는 항상 부족한 리더십을 점핑할 수 있는 도움닫기가 필요하다. 하지만 이 또한 쉬운 일은 아니다. 여기서는 팀장들이 리더십 향상을 위해서 해야 할 일을 다섯 가지로 정리해 보았다.

첫 번째는 자기 인식을 높이는 것이다. 팀장은 자신의 강점과 약점을 파악하고, 자신이 어떤 리더인지 파악해야 한다.

두 번째는 팀원들의 능력과 성격을 파악하는 것이다. 각각의 팀원들에게 맞는 리더십 스타일을 찾아야 한다.

세 번째는 팀 내 의사소통을 개선하는 것이다. 팀원들이 서로 소통하고 협력하는 것이 중요하다.

네 번째는 문제해결 능력을 향상시키는 것이다. 팀장은 문제가 발생했을 때 빠르게 대처할 수 있어야 한다.

마지막으로는 계속해서 배우고 발전하는 것이다. 리더십은 끊임없는 학습과 개선이 필요하다.

이러한 다섯 가지를 학습하고 적용한다면, 팀장은 비로소 더 나은 리더가 될 것이다.

2) 육체적 건강으로 정신을 리드하기(운동하기)

사람은 어느 정도 나이가 들면 자연적으로 육체적인 체력이 떨어진다. 이런 시기가 오면, 육체적 건강이 정신을 리드한다는 말을 실감하게 된다. 우리는 종종 일을 하다가 체력적으로 지쳐서 정신적으로 힘들어지는 경우가 많다. 아마도 사람마다 차이는 있겠지만 팀장 정도의 직위이면 그 시기에 근접해 오지 않을까 싶다. 이때, 팀장이 적극적으로 건강한 생활을 실천하고, 운동을 하거나 건강한 음식을 섭취한다면 건강과 체력을 유지할 수 있다. 또한, 팀장이 자신이 실천하는 건강한 습관들을 보여줌으로써 직원들에게 좋은 영감을 줄 수 있다. 이는 업무 추진에도 긍정적인 영향을 미친다.

팀장은 맡은 역할과 책임 때문에 적절한 휴식과 휴가를 취하는 것이 쉽지 않을 수 있다. 하지만 건강은 누구라도 인생에서 가장 우선해야 할 가치 중 하나이다. 팀장이 건강을 유지하고 관리하는 것은 단순히 개인적인 이익만은 아니다. 팀원들과 조직 전체에도 큰 영향을 끼친다. 적절한 재충전의 시간으로 스트레스를 줄이고, 몸과 마음의 피로를 풀어 주어야 자신의 건강을 유지한다. 또한 업무에 더욱 집중할 수 있도록 도와

준다. 따라서 팀장은 자신의 건강을 위해 적절한 잠시의 여유 시간을 계획하고, 팀원들도 건강한 업무 환경을 조성하기 위해 서로 도와주는 것이 필요하다.

팀장들은 '건강을 잃으면 모든 것을 잃는다'는 말을 가벼이 여기지 말자. 여기서는 팀장이 건강 관리를 위해 실천할 사항 네 가지에 대해 제시해 보겠다.

첫째로, 규칙적인 운동은 필수이다. 일상에서도 충분한 활동량을 유지해야 하며, 특히나 스트레칭은 근육 부상 예방에 큰 도움이 된다.

둘째로, 올바른 식습관을 유지해야 한다. 과다한 음식 섭취나 불규칙한 식사는 건강에 해로울 뿐만 아니라 업무에도 지장을 줄 수 있다.

셋째로, 충분한 수면과 휴식은 필수이다. 효율적인 업무를 위해서는 충분한 휴식이 필요하다. 또한, 잠을 충분히 자지 못할 경우 스트레스와 불안감이 더해질 수 있다.

마지막으로, 스트레스 관리를 잘해야 한다. 업무에서 발생하는 스트레스는 건강에 해로울 뿐만 아니라 업무 효율성에도 영향을 미칠 수 있다.

이러한 네 가지 실천 사항을 지키면서 건강한 업무와 공직 생활을 유지하자.

3) 스트레스 해소와 멘털 관리 알기(멘털 관리)

팀장들이 자기관리를 위해 필요한 일로 손에 꼽는 것 중의 하나가 스트레스 관리이다. 현대인에게 스트레스는 없는 사람이 없을 정도로 많다. 그만큼 팀장들에게도 자유롭지 않은 대상이고 관리가 중요하다는 의미이다.

팀장이 스트레스 관리를 해야 하는 이유는 다양하다. 스트레스는 개인의 건강과 직결되어 있으며, 팀장이 팀과 팀원들의 업무를 책임지는 측면에서 스트레스 관리는 필수적이다. 또한 스트레스를 제대로 관리하지 못하면 업무 성과에도 영향을 미칠 수 있다. 따라서, 팀장은 자신의 스트레스를 관리하고 팀원들도 스트레스를 관리할 수 있는 환경을 조성해야 한다. 이를 위해서는 팀원들과 소통하며 상황을 파악하고, 필요한 조치를 취하는 것이 중요하다.

팀장이 효과적으로 스트레스를 관리하고, 팀원들도 스트레스를 잘 다룰 수 있는 조직 문화를 조성하는 것이 팀 성과와 개인 건강에 도움이 된다.

스트레스가 과도하면 여러 가지 안 좋은 일이 발생한다. 예컨대, 신체적 건강 문제가 생길 수 있다. 지속적인 스트레스는 소화 불량, 면역력 저하 등을 유발할 수 있다. 또한 정신 건강에도 불안, 우울증, 불면증 등의 문제가 심화될 수 있다.

특히, 스트레스는 집중력을 떨어뜨리고 의사결정 능력을 저하시킬 수 있다. 이 외에도 스트레스를 받으면 주변 사람들과의 관계가 나빠질 수 있으며, 업무 효율성이 떨어지는 경우도 많다. 따라서 멘털 관리를 통해 정신적인 건강을 유지해야 한다. 사람들이 일상적인 스트레스와 어려움에 직면할 때 멘털이 망가지는 경우가 많다. 따라서 멘털을 강화하고, 스트레스를 효과적으로 관리하는 방법을 찾아야 한다.

적당한 휴식과 운동으로 건강을 유지하고, 스트레스를 해소할 수 있는 방법을 찾아 실천해야 한다. 이를 통해 팀장은 팀원들에게 좋은 영향을 미칠 뿐 아니라, 자신의 업무에도 더욱 효과적으로 집중할 수 있다.

팀장이라는 역할은 많은 스트레스를 유발할 수 있는 위치이다. 그리고 그로 인해 건강에 악영향을 미칠 수 있다. 따라서 팀장들이 할 수 있는 스트레스 관리 방법에 대하여 다음과 같이 제시하고자 한다.

첫째, 충분한 휴식을 취하는 것이 중요하다.

둘째, 운동을 통해 스트레스를 해소하는 것이 좋다.

셋째, 취미 생활을 갖는 것도 좋은 스트레스 해소 방법이다.

넷째, 정기적인 치료나 마사지 등의 건강 관리를 실천하는 것이 좋다.

다섯째, 효율적인 일정 관리를 통해 업무와 개인 생활의 균형을 유지하는 것도 중요하다.

이러한 스트레스 관리 방법들을 실천하면, 팀장은 건강하게 업무를 수행할 수 있을 것이다.

4) 자존감을 키우는 자기 계발하기(자기 계발)

많은 팀장들이 자기관리에 꼭 필요한 일로 손꼽는 것이 자기 계발이다. 특히 팀장들에게 자존감을 키우는 특기나 취미를 갖는 것은 반드시 권하고 싶다. 팀장들이 일의 압박감과 스트레스가 많은 업무에서 자신감을 유지하고 성과를 내기 위해서는 자존감이 필수적이다. 팀장은 자신감 있어야 팀을 끌어 나가고, 팀원들도 자신감을 느끼며 일을 하게 된다.

따라서 팀장은 자신의 특기나 취미를 통해 자존감을 키우는 것이 팀의 성과를 높이는 데에 큰 도움이 된다. 또한 자신감을 가지고 일하는 것은 개인적인 삶에도 큰 도움이 된다. 또한, 자신의 능력을 인정받고 존중받는 사회적 관계를 유지하는 데에도 도움이 된다. 예컨대 악기 다루기, 합창, 글쓰기, 외국어, 운동 등 특기와 취미의 분야는 다양하고 많다.

팀장들에게는 무엇보다도 업무 관련 자기 계발이 필수라고 할 수 있겠다. 팀장이 업무와 관련된 자기 계발을 하면 팀 전체의 성과도 올라갈 수 있다. 팀장이 자기 계발로 자신감을 얻으면, 팀원들도 일 추진에 자신감을 가진다. 이를 위해 팀장은 자기계발에 노력해야 한다. 여기에서는 팀장에게 권하는 자기계발 다섯 가지를 제시하고자 한다.

첫째, 다양한 독서로 전문성을 키우는 것이다. 그 이유는 독서를 통해 다양한 지식과 경험을 습득하고, 자신의 시야를 넓힐 수 있기 때문이다.

둘째, 회의 시 사회나 발표를 위한 스피치 연습을 하는 것이다. 그 이유는 스피치 연습을 통해 자신감을 갖고 명확하고 효과적인 의사소통이 가능해지기 때문이다.

셋째, 업무 점검과 피드백을 잘하는 방법을 터득하는 것이다. 그 이유는 피드백은 다른 사람의 시각을 반영하기 때문에 자신의 미비한 부분을 발견하고 개선할 수 있기 때문이다.

넷째, 토론과 회의 진행을 잘하는 방법 알기이다. 그 이유는 토론과 회의는 의사결정을 내리는 과정에서 중요한 역할을 하기 때분이다.

다섯째, 경청과 지시를 잘하는 방법 알기이다. 그 이유는 이 두 가지 능력은 효과적인 리더십에 필수적인 요소이기 때문이다.

이러한 자기계발을 통해 팀장은 자신감을 키우고 팀원들의 성과도 높일 수 있다.

5) 시간 관리의 소중함과 습관 갖기(시간 관리)

공직 생활에서 누구라도 시간 관리를 중요하게 다루어야 한다. 그래야만 하는 이유가 있다. 팀에는 다양한 사람들이 여러 가지 업무를 개인적으로 또는 공유하면서 진행하고 있다. 따라서 팀장과 직원들 간의 업무 분담과 일정 조율, 그리고 프로젝트 완수를 위한 기간 계획 등 모든 업무에서 시간 관리는 필수적이다. 또한 시간을 효율적으로 관리하면 업무의 질을 향상시킨다. 특히 불필요한 일정 지연과 추가 비용을 방지할 수 있다.

따라서 팀장과 팀원들은 서로의 시간을 존중하고, 업무를 계획적으로 수행하는 능력을 갖추어야 한다. 이를 위해 개인별로 시간을 효율적으로 분배하고, 우선순위를 정하며, 일정을 지키기 위한 노력이 필요하다. 팀장과 팀원들이 시간 관리를 잘하면, 성공적인 프로젝트 완수와 함께 보다 효율적이고 생산적인 업무 환경을 조성할 수 있다.

팀장에게 시간 관리는 항상 루틴처럼 이루어져야 한다. 팀원들에게 일정을 제시하고, 그 일정에 맞춰 세부 일정을 짜고, 필요한 시간을 할당하는 것이 팀장의 역할 중 하나이다. 또한, 팀원들의 일정을 관리하고, 미루지 말고 일을 처리하도록 유도하며, 효율적인 업무 처리를 위해 시간 관리 기술을 적극적으로 활용해야 한다. 이를 통해 팀의 성과를 높이고, 팀원들의 업무 만족도를 높일 수 있다. 따라서 팀장은 시간 관리를 철저히 하여 팀의 성공을 끌어 나가야 한다.

이곳에서는 팀장에게 시간 관리 습관 만들기 세 가지에 대해 생각해 보는 시간을 갖도록 하겠다.

첫 번째, 팀원들과 회의를 할 때, 미리 계획을 세우고 일정을 정해 놓으면 시간을 효율적으로 사용할 수 있다.

두 번째, 업무를 할 때 우선순위를 정하고 중요한 일부터 처리하는 습관을 가지면 시간을 절약할 수 있다.

마지막으로, 자신의 스케줄을 관리하면서 휴식 시간을 충분히 가져야 한다.

이렇게 시간 관리 습관을 만들면, 팀장은 업무를 더욱 효율적으로 처리할 수 있고, 동시에 팀원들의 업무 효율성도 높아질 것이다.

6) 나 자신을 위한 보상, 사탕 사 먹기(자기 보상)

팀장은 과장과 직원들 사이에서 샌드위치 같은 입장이다. 업무적 · 인간적으로 스트레스가 적지 않다. 그래서 종종 업무적 성과가 생길 때마다 자신에게 주는 보상이 필요하다. 당이 떨어졌을 때 사탕 먹듯이 말이다. 고생 끝에 얻은 성과를 축하하며 자신을 위한 작은 보상을 주는 것이다.

보상은 반드시 물질적인 것이 아니어도 좋다. 자신에게 주는 보상을 통해 더 나은 팀장이 되기 위한 노력을 계속할 수 있다. 예를 들어, 열심히 일한 후에 책을 읽는 것, 친구와 함께하는 시간을 갖는 것, 좋아하는 음식을 먹는 것으로 나에게 보상을 주는 것이다.

보상은 기간에 따라 생각해 볼 수도 있다. 예컨대, 자신을 위한 1일(하루) 보상이다. 이날은 마음에 드는 음식을 먹거나, 좋아하는 취미를 즐기는 등 자신에게 특별한 선물을 주는 것도 좋겠다. 1주일 보상을 준다면 좋아하는 음식을 먹거나, 영화를 보거나, 마음에 드는 물건을 사거나, 가족들과 함께 충분한 시간을 보내는 것도 보상이 될 수 있다.

1개월 이상 보상을 준다면 자신을 위해 몇 가지 계획을 세울 수 있다. 우선 건강과 신체적인 면에 집중하여, 하루에 최소 30분 이상의 운동과 건강한 식습관을 유지하는 것도 좋다. 또한, 새로운 기술을 배우거나 언어를 공부하여 내 능력을 키우는 것도 좋겠다. 그리고 독서와 여행으로 자기계발에 신경쓰며, 나아가 자신의 성장을 도모하는 시간도 추천한다. 마지막으로는 휴직하는 것이 가능하면 유학을 다녀오는 것도 권장한다.

다산(茶山)에게 배운다

리더의 자기관리

공무원은 다른 직업과 달리 공공의 이익을 위해 일한다. 시민들에게 서비스를 제공하는 역할을 하므로 사회적 책임감이 크다. 팀장도 팀의 리더이자 한 명의 공무원이다. 시민을 위한 대민 서비스를 하는 것이 업이다. 이를 위한 봉사 자세와 함께 자기관리 기반이 되어 있어야 한다. 봉사 자세는 시민의 목소리를 경청하고 요청사항을 이해하는 데 필수적이다. 자기관리는 전문성을 유지하고 지속적인 발전을 도모하는 데 도움이 된다. 이러한 자세는 개인과 조직의 업무 질을 높이고 시민의 신뢰를 구축하는 데 기여한다.

자기관리는 오늘날보다는 다산이 생활하였던 조선시대가 더욱 철저하고 엄격했을 것이다. 여기에서는 다산이 제시하는 리더인 목민관의 자기관리를 위해 어떠한 노력과 방법을 강구하였는지에 대해 탐구해 보고자 한다.

우선 먼저, 리더로서 갖춰야 할 도리를 먼저 행하라고 주문한다. 다산은 『목민심서』 제2강 율기(律己) 6조(條)의 제1조 칙궁(飭躬, 바른 몸가짐하기)편에서 '흥거유절(興居有節) 관대정칙(冠帶整飭), 이민이장(莅民以莊) 고지도야(古之道也)'라고 충언을 한다. 이를 해석하면, '일상생활에 절도가 있고 옷차림은 단정하며 시민들에게는 예의를 갖추는 것이 리더가 갖출 도리다'라는 말이다.

리더는 자신의 행동이 조직이나 사회에 미치는 영향을 깊이 인식하고, 항상 책임감 있는 태도를 유지해야 한다. 이러한 태도는 다른 사람들에게 신뢰를 주고, 리더로서의 권위를 확립하는 데 중요하다. 또한, 단정한 옷차림은 자신에 대한 존중을 나타내며, 타인에게도 긍정적인 인상을 준다. 이는 리더가 조직의 대표로서 외부와 소통할 때, 또는 내부적으로 팀원들과의 관계를 구축할 때 중요하게 작용한다. 리더가 단정한 모습을 갖추면, 팀원들도 그러한 태도를 본받아 더 나은 환경을 조성할 수 있다. 마지막으로, 시민들에게 예의를 갖추는 것은 리더의 기본적인 도리다. 예의는 상호 존중의 표현이며, 이는 사회의 건강한 관계를 형성한다. 리더가 시민들에게 예의를 갖춘 행동을 보일 때, 그들은 리더에게 더 많은 신뢰와 존경을 표할 것이다. 이런 존경은 리더의 결정을 지지하고, 협력할 수 있는 기반이 된다.

둘째, 리더로서 지켜야 할 네 가지 실천도리를 권하고 있다. 다산은 조선시대 선비와 관료 가운데 자기관리에 가장 뛰어난 인물이 아닌가 싶다. 다산의 자기관리의 면모를 알 수 있는 것이 다산의 거처 중 하나인 사의재(四宜齋)라고 할 수 있다. 다산은 1801년 강진에 유배됐을 때, 처음 사의재라는 곳에서 머물렀다. 사의재는 이곳 주막집 주인 할머니의 배려로 골방 하나를 거처로 삼았던 집이다. 사의재는 "네 가지를 바르게 하는 이가 거처하는 집"이라는 뜻을 담아 다산 스스로 지은 이름이다.

사의(四宜)란 지켜야 할 네 가지 마땅함을 이른다.

첫째, 사의담(思宜澹): 생각은 담백해야 하니 담백하지 않은 점이 있으면 부디 빨리 생각을 맑게 해야 한다.

둘째, 모의장(貌宜莊): 용모는 엄숙해야 하니 엄숙하지 않은 점이 있으면 부디 빨리 단정하게 해야 한다.

셋째, 언의인(言宜認): 말은 참아야 하니 참지 않은 점이 있으면 부디 빨리 말을 적게 해야 한다.

넷째, 동의중(動宜重): 행동은 진중해야 하니 진중하지 않은 점이 있으면 부디 빨리 무겁게 해야 한다.

다산은 생각과 용모와 언어와 행동, 이 네 가지를 바르게 하도록 자신을 경계하고 스스로 관리하였던 것이다. "생각을 맑게 하되 더욱 맑게, 용모를 단정히 하되 더욱 단정히, 말(언어)을 적게 하되 더욱 적게, 행동을 무겁게 하되 더욱 무겁게" 할 것을 스스로 주문하고 관리에 힘썼다. 생각은 맑게, 용모는 단정하게, 말은 적게, 행동은 무겁게'라는 뜻으로 몸과 마음을 다잡아 국가 혁신과 애민 그리고 학문 연구에 정진하겠다는 다산의 자기관리의 의지가 담겨 있음을 알 수 있다.

5장

이런 팀장이 되길 바랍니다

05 이런 팀장이 되길 바랍니다

과장들은 팀장들이 바람직하고 능력을 갖춘 좋은 리더가 되기를 바란다. 이는 부서와 팀의 성장과 발전을 위해서 꼭 필요하다. 이를 위해서는 과장들이 팀장들에게 적극적으로 멘토링을 제공해야 한다. 또한 지속적인 피드백을 제공하여 그들의 성장을 도와야 한다. 팀장들이 능력을 갖추면 그들이 이끄는 팀원들도 함께 성장하고 발전할 수 있기 때문이다.

과장들이 바라는 바람직한 팀장의 역할은 특별한 것이 아니다. 그들은 팀장이 팀원들을 이끌어가며 함께 성장할 수 있는 환경을 만들어 주기를 바란다. 또한 팀원들 간의 갈등을 조정하고 일의 우선순위를 결정하는 능력도 필요하다. 가장 중요한 것은 팀원들의 의견을 존중하고 적극적으로 수용하는 능력이다. 바람직한 팀장은 이러한 역할들을 잘 수행하면서 팀원들의 신뢰를 얻어내어 팀의 성과를 높일 수 있다.

제5장은 수원시청, 장안구청, 권선구청, 팔달구청, 도시재단의 과장들 41명에게 받은 주관식 설문을 토대로 작성하였다. 과장들이 바라는 팀장의 모습을 7취(取)7사(捨)로 구성하였다. 먼저, 7취(取)는 바람직한 팀장이 되기 위하여 갖추어야 할 자세들을 '팀장을 그냥 할 수는 없다'라는 주제 아래 7가지 내용으로 준비하였다. 다음 7사(捨)는 올바른 팀장이 되기 위해 꼭 버려야 할 행태들을 '직원처럼 행동하며 팀장이 될 수는 없다'라는 주제 아래 7가지 내용으로 마련하였다.

팀장들은 승진과 동시에 그 역할을 능숙하게 해내리라 생각할 수도 있다. 하지만 과장들이 바라는 기대와는 거리가 있을 수 있음도 인정해야 한다. 따라서 그 차이와 간극을 줄이는 노력을 기울여야 하는 것 또한 팀장들이 해야 할 일이다. 과장들이 희망하는 바람직한 베테랑 팀장이 되길 바라는 마음에서 이 5장을 마련하였다.

1. 팀장을 그냥 할 수는 없다[7취(取)]

팀장 역할 수행은 그냥 할 수 있는 일이 아니다. 팀을 이끌며 효율적인 업무를 수행하고, 직원들의 업무 능력을 향상시켜야 한다. 그리고 조직의 목표를 달성하기 위한 전략을 수립하고 실행하는 등의 다양한 책임과 역할이 요구된다. 따라서 팀장은 승진의 전·후로 하여 직책에 적합한 적임자가 되도록 노력해야 한다. 또한 자기계발을 통해 전문성을 높이고, 직원과의 소통을 통해 조직 내에서의 신뢰와 존경을 얻어야 한다.

팀장 역할 수행을 잘하기 위해서는 구해야 할 능력들이 다양하다. 먼저, 리더십 능력이 필요하다. 팀원들을 끌어나가며 목표를 달성하기 위해서는 팀원들에게 동기 부여를 할 수 있어야 하고, 문제가 발생했을 때 적극적으로 해결해 나갈 수 있어야 한다. 또한 커뮤니케이션 능력이 중요하다. 팀원들과 원활한 의사소통을 하며 협력하여 일을 수행해야 하기 때문이다. 또한 문제해결 능력과 적극성, 성실성 등의 능력도 필요하다. 이러한 능력들을 함께 갖춘 팀장은 팀원들과 함께 더 나은 성과를 이룰 수 있을 것이다.

팀장들은 '팀장을 그냥 할 수는 없다'는 것을 잘 알고 있다. 팀장으로 승진한다고 해서 누구나 그 역할을 잘하는 것은 아니라는 얘기다. 그리고 과장들의 기대치에 부응하기도 쉽지 않다. 여기서는 과장들이 바라는, 갖추었으면 하는 팀장의 모습을 일곱 가지로 나누어 제시하고자 한다.

1) 리더십의 필수요건을 갖추자

리더십은 조직을 이끄는 데 있어서 필수적인 역할이다. 하지만 좋은 리더십을 갖추기 위해서는 다양한 요건들을 갖추어야 한다.

첫째, 자기관리는 리더의 성공적인 실행을 위해 가장 중요한 요소 중 하나이다. 리더는 자신의 감정을 잘 다스릴 수 있어야 하며, 언제나 타인과 자신의 행동을 책임지는 태도를 가져야 한다.

둘째, 리더는 조직 내에서 의사소통의 중심이기 때문에 올바른 언어 사용이 중요하다. 올바른 언어 사용은 신뢰성과 존중감을 높이는 데 도움을 주며, 잘못된 언어 사용은 직원들의 혼란과 불안감을 유발할 수 있다.

셋째, 목표 관리 및 평가는 리더가 팀의 목표를 설정하고 달성하는 데 중요한 역할을 한다.

넷째, 업무 의욕과 책임감은 리더가 팀원들을 동기 부여하고, 팀의 성과를 높이는 데 있어서 필수적인 역할을 한다.

다섯째, 리더는 다른 사람들을 이끄는 역할을 하기 때문에 그들이 하는 일에 대한 모든 책임을 져야 한다. 이는 팀이나 조직에서 굉장히 중요한 역할을 하며, 어떤 일이든지 책임감을 가지고 해야 한다.

마지막으로, 직원 육성은 리더가 팀원들의 역량을 높이고, 조직의 전략적인 목표를 달성하는 데 있어서 중요한 요소 중 하나이다.

따라서 리더십을 효과적으로 발휘하기 위해서는 이러한 다양한 요소들을 충분히 갖추고 지속적으로 개선해 나가는 노력이 필요하다.

2) 팀 관리에 충실한 자세를 갖자

팀장은 팀을 관리하는 관리자다. 팀의 업무와 직원들을 관리하고 이끄는 역할을 맡고 있다. 이 역할을 수행하기 위해서는 세 가지 핵심 능력을 갖추어야 한다.

첫 번째는 전문적인 지식과 기술이다. 팀장이 해당 분야에 대한 깊은 이해와 숙련도를 지니고 있어야 팀원들에게 신뢰를 줄 수 있으며, 복잡한 문제를 효과적으로 해결할 수 있다. 전문 지식은 팀의 목표를 달성하는 데 있어 기초가 된다.

두 번째는 대인 능력이다. 팀장은 팀원들과의 원활한 의사소통을 통해 팀의 분위기를 조성하고, 협력적인 환경을 조성해야 한다. 팀원들의 의견을 경청하고, 그들의 감정을 이해하며, 필요한 경우 피드백을 제공하는 것은 팀의 사기를 높이고, 개인의 성장에도 도움이 된다. 효과적인 의사소통은 갈등을 예방하고, 팀원 간의 신뢰를 구축할 수 있다.

세 번째는 문제해결 능력이다. 팀장은 상황에 따라 적절한 해결책을 제시하고 이를 실행할 수 있는 능력을 가져야 한다. 이는 복잡한 상황에서 신속하게 판단하고, 필요한 자원을 동원하여 문제를 해결하는 과정을 말한다. 또한, 팀원이 직면하는 어려움을 이해하고 지원함으로써 팀의 목표를 달성하는 데 기여할 수 있다.

이러한 세 가지 능력은 서로 긴밀히 연결되어 있으며, 팀장이 효과적으로 팀을 이끌기 위해서는 이 모든 능력을 균형 있게 발휘해야 한다. 전문 지식이 뒷받침되어야 대인 능력이 더욱 빛을 발하고, 또 문제해결 능력은 팀의 성과를 극대화할 수 있다. 팀장은 이러한 능력을 지속적으로 개발하고, 팀원들과 함께 성장해 나가는 것이 중요하다. 이러한 자세를 가진 관리자는 조직의 성과 향상과 함께 팀원들의 성장과 만족도를 높일 수 있다. 따라서 관리자로서의 역할에 충실하며 전문 능력, 관리 능력, 대인 능력을 모두 갖출 수 있도록 노력하자.

3) 법 · 규칙을 준수하는 모범을 보이자

팀장은 법과 규칙을 준수하는 모범을 보여야 하는 역할을 맡고 있다. 이는 단순히 규칙을 따르는 것을 넘어, 팀원들에게 올바른 행동 기준을 제시하고, 조직의 윤리적 가치를 실천하는 데 있어 선도적인 역할을 한다는 것을 의미한다.

첫째, 팀장이 법과 규칙을 준수함으로써 신뢰를 구축할 수 있다. 팀원들은 팀장이 정직하고 투명하게 행동하는 모습을 보며, 그에 대한 신뢰를 쌓게 된다. 신뢰는 팀의 협력과 소통을 증진시키고, 결과적으로 팀의 성과를 높이는 데 기여한다.

둘째, 팀장은 규칙 준수의 중요성을 팀원들에게 교육하고 인식시켜야 한다. 법과 규칙은 조직이 원활하게 운영되기 위한 기본적인 틀을 제공한다. 팀장이 이를 강조하고, 규칙을 지키는 것이 왜 중요한지 설명함으로써 팀원들은 자신의 행동이 조직에 미치는 영향을 이해하게 된다.

셋째, 팀장은 규칙을 준수하지 않는 사례에 대해 적절하게 대응해야 한다. 만약 팀원 중 누군가가 규칙을 위반했을 경우, 이를 무시하거나 방관하는 것이 아니라, 공정하게 문제를 해결하고 필요한 교육이나 지도는 물론 처벌 논의도 고려해야 한다. 이러한 과정은 팀원들에게 규칙 준수의 중요성을 다시 한 번 인식시키는 기회가 될 수 있다.

마지막으로, 팀장이 법과 규칙을 준수하는 모습을 통해 조직 내 긍정적인 문화를 조성할 수 있다. 규칙을 준수하는 환경은 팀원들 간의 존중과 협력을 촉진하고, 안전하고 건강한 공직 환경을 만드는 데 기여한다. 이러한 문화는 장기적으로 조직의 성과와 지속 가능성에도 긍정적인 영향을 미친다.

따라서 팀장은 법과 규칙을 준수하는 모범을 보임으로써

팀의 신뢰를 구축하고, 규칙의 중요성을 교육하며, 공정한 대응을 통해 긍정적인 공직 문화를 형성하는 데 중추적인 역할을 수행해야 한다. 이러한 리더십은 팀의 성공과 조직의 목표 달성에 크게 기여할 것이다.

4) 직원들을 품을 수 있는 가슴을 갖자

'팀장은 직원들을 품을 수 있는 가슴을 가져야 한다'는 말은 단순한 구호가 아니다. 이는 팀 리더십의 핵심 가치 중 하나로, 팀원들과의 신뢰 관계를 형성하고, 그들의 잠재력을 최대한 이끌어내기 위한 필수조건이다.

첫째, 팀장은 직원들의 감정과 상황을 이해하고 공감할 수 있어야 한다. 각 팀원은 저마다의 배경과 경험을 가지고 있으며, 그들이 겪는 어려움이나 고민을 이해하는 것이 중요하다. 팀장이 이러한 공감 능력을 갖추면, 직원들은 자신이 존중받고 있다는 느낌을 받게 되고, 이는 자연스럽게 팀의 사기를 높이는 데 기여한다.

둘째, 팀원들의 의견을 존중하고 경청하는 태도가 필요하다. 직원들이 자신의 의견을 자유롭게 표현할 수 있는 환경을 조성하는 것은 팀의 창의성과 혁신을 촉진한다. 팀장은 회의나 일상적인 대화에서 직원들의 목소리를 적극적으로 듣고, 그들의 아이디어를 반영하려는 노력을 보여야 한다. 이는 직원들에게 자신이 팀의 중요한 일원이라는 느낌을 주며, 팀워크를 강화하는 데 큰 도움이 된다.

셋째, 팀장은 긍정적인 피드백과 격려를 아끼지 않아야 한다. 직원들이 열심히 노력한 결과에 대해 인정하고 칭찬함으로써, 그들의 동기 부여를 높일 수 있다. 또한, 실패했을 때도 비난하기보다는 학습의 기회로 삼고, 앞으로 나아갈 수 있도록 격려하는 태도가 필요하다. 이러한 접근은 직원들이 실패를 두려워하지 않고 도전할 수 있는 환경을 만드는 데 기여한다.

마지막으로, 팀장은 직원들의 성장과 발전을 지원하는 역할을 해야 한다. 각 직원의 강점과 약점을 파악하고, 그에 맞는 교육이나 멘토링을 제공함으로써, 직원들이 자신의 역량을 키울 수 있도록 도와야 한다. 이는 팀 전체의 성과 향상으로 이어지며, 장기적으로 조직의 발전에도 기여한다.

따라서 팀장은 직원들을 품을 수 있는 가슴을 가져야 하며, 이는 단순히 감정적인 지지가 아니라, 실질적인 행동으로 나타나야 한다. 직원들의 마음을 이해하고, 그들의 의견을 존중하며, 긍정적인 피드백과 성장 지원을 통해 팀의 목표를 함께 이루어 나가는 것이 진정한 리더의 모습이다.

5) 종합적인 상황 판단 능력을 갖자

팀장은 팀 내에서 발생하는 문제나 업무 진행 상황 등을 모두 파악하고 이를 바탕으로 적절한 결정을 내려야 한다. 팀장이 종합적인 상황 판단 능력을 갖추어야 하는 이유는 매우 다양하고 중요하다.

첫째로, 팀장은 해결책을 제시해야 하는 위치다. 팀 내에서 발생하는 다양한 문제를 신속하게 인식하고, 그 원인을 분석하여 적절한 해결책을 제시할 수 있어야 한다. 이를 통해 팀원들이 직면한 어려움을 효과적으로 극복할 수 있다.

둘째로, 의사결정 과정에서도 종합적인 상황 판단 능력이 필수적이다. 팀장은 다양한 정보와 데이터를 바탕으로 신속하고 정확한 결정을 내려야 한다. 여러 요소를 고려하여 최선의 결정을 내리는 능력은 팀의 목표 달성에 큰 영향을 미친다.

셋째로, 팀원 관리와 동기 부여에도 이러한 능력이 필요하다. 팀장은 팀원들의 개별적인 상황과 강점을 이해하고, 이를 바탕으로 적절한 지원을 제공할 수 있어야 한다. 종합적인 상황 판단 능력을 통해 팀원들의 필요를 파악하고, 그에 맞는 동기 부여 전략을 세울 수 있다.

넷째로, 위기 관리 능력도 중요하다. 예기치 않은 상황이나 위기가 발생했을 때, 팀장은 빠르게 상황을 판단하고 대응해야 한다. 종합적인 상황 판단 능력은 이러한 위기 상황에서 리더십을 강화하고, 팀이 안정적으로 대처할 수 있도록 돕는다.

다섯째로, 전략적 사고 역시 팀장이 갖추어야 할 중요한 능력이다. 팀장은 장기적인 목표와 비전을 설정하고, 이를 달성하기 위한 전략을 수립해야 한다. 종합적인 상황 판단 능력을 통해 현재의 상황을 분석하고, 미래의 변화에 대비하는 전략적 사고를 할 수 있다.

마지막으로, 소통과 협업의 측면에서도 팀장은 종합적인 상황 판단 능력이 필요하다. 팀원들 간의 원활한 소통과 협업을 위해서는 각자의 의견과 상황을 이해하는 것이 중요하다. 팀장이 이러한 능력을 갖추면, 팀원들과의 소통이 원활해지고, 협력적인 분위기를 조성할 수 있다.

따라서 팀장이 종합적인 상황 판단 능력을 갖추는 것은 팀의 성공을 위해 필수적이다. 이러한 능력은 경험과 학습을 통해 지속적으로 발전시킬 수 있으며, 이를 통해 팀의 성과를 극대화할 수 있다.

6) 리더! 숲 전체를 보는 시야를 갖자

'리더! 숲 전체를 보는 시야를 갖자'라는 말은 리더십의 원칙을 담고 있다. 이 표현은 리더가 단순히 현재의 문제나 세세한 부분에만 집중하는 것이 아니라, 전체적인 상황과 맥락을 이해하고 고려해야 한다는 것을 강조하는 것이다. 리더가 숲을 보는 시야를 갖는 것은 여러 측면에서 중요하다.

첫째, 전체적인 관점의 중요성이다. 리더는 팀이나 조직의 비전과 목표를 명확히 이해하고 이를 바탕으로 전략적으로 접근해야 한다. 숲을 보는 시야를 가지면, 개별 나무들의 문제를 넘어서 이들이 어떻게 연결되어 있는지를 파악할 수 있다. 이는 장기적인 계획 수립과 실행에 매우 중요하며, 조직의 방향성을 명확히 하는 데 기여한다.

둘째, 팀원들과의 소통이다. 전체적인 시야를 가진 리더는 팀원들과 효과적으로 소통할 수 있다. 팀원들이 자신의 역할이 전체 목표에 어떻게 기여하는지를 이해하도록 돕는 것이 중요하다. 이를 통해 팀원들은 더 큰 동기 부여를 받고, 자신들의 일을 더 의미 있게 여길 수 있다. 리더가 비전을 공유하고 이를 통해 팀원들이 서로 협력하게 만들면, 팀 전체의 성과가 향상된다.

셋째, 문제해결 능력이다. 숲을 보는 시야는 리더가 복잡한 문제를 해결하는 데에도 큰 도움이 된다. 문제가 발생했을 때, 리더는 그 문제의 근본 원인을 전체 맥락에서 분석하고, 단기적인 해결책이 아닌 장기적인 해결책을 모색할 수 있다. 이 과정에서 리더는 팀원들과 협력하여 다양한 관점을 수렴하고, 좀 더 효과적인 해결책을 찾게 된다.

넷째, 변화에 대한 적응력이다. 세상은 끊임없이 변화하고 있다. 리더가 전체적인 시야를 갖추고 있다면, 변화하는 환경에 더 잘 적응하고 새로운 기회를 포착할 수 있다. 이는 팀이 경쟁력을 유지하고 성장하는 데 필수적이다. 변화에 대한 열린 마음과 유연한 사고방식은 리더가 팀을 이끌어가는 데 큰 자산이 된다.

따라서 리더는 항상 숲 전체를 보는 시야를 유지하려고 노력해야 한다. 이는 리더십의 핵심이며, 팀과 조직이 목표를 향해 나아가는 데 큰 영향을 미친다. 리더가 전체를 바라보는 시야를 갖출 때, 팀은 더욱 견고해지고 각 구성원은 자신의 역할을 보다 명확히 이해하게 된다. 이러한 관점을 통해 리더는 더 효과적으로 팀을 이끌고, 조직의 성공을 이끌어낼 수 있다. 리더십에서 숲을 보는 시야는 단순한 관점의 차이를 넘어, 조직의 미래를 결정짓는 중요한 요소가 된다.

7) 소통! 커뮤니케이션 습관을 갖자

팀장에게 커뮤니케이션은 팀의 성공과 직결되는 중요한 요소다. 효과적인 커뮤니케이션은 팀원 간의 협력과 이해를 증진시키고, 각자의 역할과 책임을 명확히 하여 업무 효율성을 높여준다. 팀장이 명확하고 일관된 메시지를 전달할 때, 팀원들은 자신이 맡은 업무의 중요성을 인식하고 적극적으로 참여하게 된다.

첫째, 명확한 목표와 비전을 전달해야 한다. 목표가 구체적이고 실현 가능할수록 팀원들은 이를 달성하기 위해 노력하게 된다. 목표를 설정할 때는 팀원들의 의견을 반영하는 것도 중요하다. 이렇게 하면 팀원들이 목표에 대한 소속감을 느끼고, 더 큰 동기 부여를 받을 수 있다.

둘째, 정기적인 피드백을 제공해야 한다. 팀원들에게 긍정적인 피드백을 주는 것은 물론, 개선이 필요한 부분에 대해서도 솔직하게 이야기해야 한다. 피드백은 단순히 평가가 아니라, 팀원들이 성장할 수 있는 기회를 제공하는 중요한 과정이다. 이를 통해 팀원들은 자신의 강점과 약점을 파악하게 되고, 지속적인 발전을 추구할 수 있다.

셋째, 경청하는 태도를 갖추어야 한다. 팀원들의 의견과 제안, 그리고 우려 사항을 귀 기울여 듣는 것은 신뢰를 구축하는 데 큰 도움이 된다. 팀원들이 자유롭게 의견을 표현할 수 있는 환경을 조성하면, 팀의 창의성과 문제해결 능력이 향상된다. 또한, 팀원들이 자신의 의견이 존중받고 있다고 느끼면, 더 큰 책임감을 가지고 업무에 임하게 된다.

마지막으로, 열린 소통 환경을 조성해야 한다. 팀원들이 질문이나 우려 사항을 자유롭게 표현할 수 있는 분위기를 만들어야 한다. 정기적인 팀 회의나 소통의 장을 마련하여 팀원들이 서로의 생각을 공유하고, 문제를 함께 해결하는 기회를 제공하는 것이 중요하다. 이렇게 하면 팀원 간의 유대감이 강화되고, 팀 전체의 성과가 향상된다.

팀장에게 커뮤니케이션은 단순한 정보 전달이 아니라, 팀의 목표를 달성하고 효과적으로 운영하기 위한 필수적인 과정이다. 이를 통해 팀의 성과를 극대화하고, 팀원들의 개인적인 성장도 함께 도모할 수 있다. 예컨대 어릴 때 처음으로 접한 소금의 맛, 섭취량, 섭취 습관이 성인이 돼서도 평생의 소금 섭취 기준이 된다고 한다. 어릴 때부터 짠맛을 들인 아이는 훗날 어른이 되어도 입맛이 짠맛에 맞춰져 버리는 것이다. 팀 내 커뮤니케이션 습관도 마찬가지이다. 처음 공직에 입문하면 멘토나 부서 선배로부터 배우는 커뮤니케이션 요령이 몸에 배어 직장생활을 하는 내내 따라다니게 된다. 업무 스타일이나 문서 방식도 처음 공직에 입문했을 때 만난 선배를 따라가곤 한다. 때문에 팀장은 처음 들어오는 직원들이 잘 적응할 수 있도록 도와주고 이끌어 주어야 한다.

2. 직원처럼 행동하며 팀장이 될 수는 없다[7사(捨)]

팀장이든 직원이든 공무원은 자신의 역할과 책임을 충실

히 수행하는 것은 공직자의 기본 자세이다. 그러나 팀장으로 승진하면 직원들과 다른 차원의 역할과 책임을 맡아야 한다.

팀장은 직원 때와 같이 행동해선 안 된다. 그 역할은 단순히 일을 지시하고 감독하는 것보다 더 많은 역량을 요구한다. 팀원들의 업무를 이해하고, 그들의 능력을 파악해야 하며, 팀 전체의 협업과 성과를 위해 지속적으로 노력해야 한다. 또한 팀 내 갈등이나 문제 발생 시 적극적으로 대처하고 적절한 조치를 취해야 한다. 팀장은 단순히 지위나 권한으로 존재하는 것이 아니라, 팀원들의 신뢰와 존경을 얻기 위해 끊임없이 노력해야 한다.

팀장들도 '직원처럼 행동하며 팀장이 될 수는 없다'는 것을 잘 알고 있다. 팀장으로 승진해서는 팀장의 역할을 잘하기 위해 직원 시절의 구태는 버려야 한다. 여기에서는 과장들이 원하는, 팀장들이 직원 때의 버렸으면 하는 구태의 모습을 일곱 가지로 나누어 제시하고자 한다.

1) 직원처럼 일하는 자세는 버리자

팀장으로서 직원처럼 일하는 자세를 버리는 것은 조직의 성공과 팀의 발전을 위해 중요하다. 팀장은 단순히 업무를 수행하는 역할을 넘어서, 팀의 방향성과 목표를 설정하고 이를 달성하기 위해 팀원들을 이끌어야 하는 리더이다.

첫째, 팀장은 전략적 사고를 해야 한다. 팀의 비전과 목표를 명확히 하고, 이를 달성하기 위한 구체적인 계획을 세우는 것이 필요하다. 팀원들이 각자의 역할을 이해하고 목표를 향해 나아갈 수 있도록 방향을 제시해야 한다. 이를 위해 팀의 목표를 주기적으로 점검하고, 변화하는 환경에 맞춰 전략을 수정하는 유연성도 필요하다.

둘째, 효과적인 의사소통이 필수적이다. 팀원들과의 원활한 소통을 통해 신뢰를 구축하고, 팀의 분위기를 긍정적으로 유지해야 한다. 정기적인 회의를 통해 팀원들의 의견을 경청하고 피드백을 주는 것이 중요하다. 이렇게 함으로써 팀원들은 자신의 의견이 존중받고 있음을 느끼고, 더 적극적으로 참여하게 된다.

셋째, 팀원들의 성장과 발전을 지원하는 코칭과 멘토링 역할을 해야 한다. 팀원들이 자신의 강점을 발휘할 수 있도록 도와주고, 필요한 기술과 지식을 습득할 수 있도록 기회를 제공해야 한다. 이를 통해 팀원들은 자신감을 얻고, 팀의 전반적인 성과도 향상된다.

넷째, 결정력을 갖추는 것이 중요하다. 팀장은 때때로 어려운 결정이나 갈등 상황에 직면하게 된다. 이럴 때 신속하고 확실한 판단을 내리고, 그 결정에 책임을 질 수 있어야 한다. 팀원들은 팀장이 결정을 내리는 과정을 지켜보며 신뢰를 쌓고, 향후 의사결정 과정에 더 적극적으로 참여하게 된다.

마지막으로, 팀장은 모범이 되어야 한다. 팀원들에게 긍정적인 본보기가 되어 팀의 가치와 문화를 실천하는 것이 중요하다. 팀장의 행동과 태도가 팀원들에게 영향을 미치므로, 항상 높은 기준을 유지하고 이를 팀원들에게 전파해야 한다.

이처럼 팀장은 단순히 업무를 수행하는 직원이 아닌, 팀을 이끌고 발전시키는 리더로서의 역할을 충실히 수행해야 한다. 이러한 자세를 통해 팀을 효과적으로 이끌고, 조직의 목표를 달성하는 데 기여할 수 있을 것이다.

2) 자기관리도 하지 않는 자세는 버리자

팀장은 팀을 관리하며 소속 팀원들의 성과와 일정을 관리하고, 동시에 자신의 일정과 업무를 처리해야 한다. 이 과정에서 자기관리가 어렵다면 팀원들에게 영향을 미칠 수 있다. 따라서 팀장은 자신의 시간 관리와 우선순위 설정 등 자기관리를 철저하게 실천해야 한다.

팀장이 자기관리도 어려운데 팀 관리를 한다는 것은 정말 어려운 일이다. 출·퇴근 준수, 예의 태도, 과제 완수 등 다양한 요소들을 모두 고려하면서 팀원들의 업무를 지원하고 끌어가는 것은 매우 복잡하며 어려운 일이다. 팀장이 자기관리를 소홀히 하는 자세는 팀의 전반적인 분위기와 성과에 심각한 영향을 미칠 수 있다. 팀장은 단순히 업무를 지시하는 역할을 넘어, 팀원들에게 모범을 보이고 긍정적인 영향을 주는 리더십을 발휘해야 한다. 자기관리가 부족한 팀장은 팀원들에게 신뢰를 잃게 되고, 이는 팀의 사기 저하로 이어질 수 있다.

첫 번째로, 팀장은 자신이 설정한 목표와 비전을 명확히 하고 이를 달성하기 위해 끊임없이 노력해야 한다. 목표를 향해 나아가는 모습은 팀원들에게도 큰 동기 부여가 된다. 팀장이 자신의 업무를 체계적으로 관리하고, 성공적인 결과를 이끌어내는 모습을 보여줄 때, 팀원들도 자연스럽게 자신의 업무에 책임감을 느끼게 된다.

두 번째로, 피드백을 수용하는 자세가 필요하다. 팀원들과의 열린 소통은 매우 중요하며, 팀원이 제시하는 의견이나 비판을 겸허히 받아들이는 것이 필요하다. 이는 팀원들과의 신뢰를 쌓고, 팀의 발전을 위한 중요한 요소로 작용한다. 팀장이 자신의 부족한 점을 인식하고 개선하려는 노력을 보일 때, 팀원들도 그에 따라 더욱 발전할 수 있는 환경이 조성된다.

세 번째로, 시간 관리 능력은 팀장이 반드시 갖추어야 할 중요한 요소이다. 업무와 개인 생활의 균형을 잘 맞추는 것이 필요하며, 이를 통해 스트레스를 줄이고 효율성을 높일 수 있다. 팀장이 시간을 잘 관리하면, 예기치 못한 상황에서도 유연하게 대처할 수 있으며, 팀원들에게도 좋은 본보기가 된다.

마지막으로, 신체적 · 정신적 건강을 챙기는 것도 매우 중요하다. 건강한 팀장이 팀을 이끄는 것이 팀의 전반적인 분위기와 성과에 긍정적인 영향을 미친다. 규칙적인 운동과 충분한 휴식, 그리고 스트레스 관리 방법을 찾는 것이 필요하다. 이러한 자기관리가 이루어질 때, 팀원들도 자연스럽게 건강한 생활 방식을 추구하게 된다.

따라서 팀장은 자기관리 능력을 더욱 강화하고 팀원들과의 소통과 협업을 통해 효율적인 업무 수행을 위해 노력해야 한다. 또한 팀원들의 불만이나 어려움에 대해 적극적으로 대응하며, 상황에 따라 유연하게 대처할 수 있는 리더십이 필요하다. 팀장이 이러한 노력을 기울인다면, 팀 내 분위기와 성과를 높일 수 있을 것이다.

3) 과거를 잊지 못하는 답습은 버리자

팀장은 과거를 답습하는 행정과 일하는 자세는 버려야 한다. 지속적인 변화와 혁신이 필요한 현대사회에서 과거에 의존하는 태도는 비생산적이며 발전에 방해가 될 수 있다. 따라서 팀장은 과거의 방식이나 관행에 집착하지 않고 새로운 아이디어를 적극 수용하며, 도전적인 자세로 일하는 팀원들을 지원하고 격려해야 한다. 또한, 팀장은 지속적으로 자신의 역량을 강화하고 새로운 지식과 기술을 습득하여 팀을 더욱 효율적으로 끌어나가야 한다.

팀장들이여! "과거에 이렇게 했으니 이렇게 하라"는 방식은 과감하게 버려야 한다. 그 이유는 굳이 설명도 필요 없겠지만, 현대의 빠르게 변화하는 행정 환경에서 기존의 방법론이 항상 효과적이지는 않기 때문이다. 과거의 경험은 소중하지만, 그것이 현재와 미래의 문제를 해결하는 데는 적합하지 않을 수 있다.

우선 먼저, 변화하는 시대 상황과 기술 발전에 맞춰 유연하게 대응할 필요가 있다. 예를 들어, 디지털 혁명이 진행됨에 따라 많은 행정이 변화하고 있다. 과거의 성공적인 전략이 현재에도 통용될 것이라는 보장은 없다. 따라서 팀은 새로운 기술과 트렌드를 수용하고, 필요에 따라 기존의 방식을 수정하거나 아예 새로운 접근 방식을 모색해야 한다.

둘째, 팀원들의 창의성과 혁신을 촉진하는 것도 중요하다. 과거의 방식에 얽매이게 되면 팀원들은 새로운 아이디어를 제안하는 데 주저하게 된다. 팀장이 열린 마인드로 다양한 의견을 수렴하고 실험할 수 있는 환경을 조성해야 한다. 그러면 팀원들은 더 적극적으로 참여하고 혁신적인 해결책을 제시할 가능성이 높아진다.

셋째, 실패를 두려워하지 않는 문화가 필요하다. 과거의 방식에 집착하면 실패를 피하려는 경향이 생기고, 이는 결국 발전을 저해할 수 있다. 팀장은 실패를 학습의 기회로 보고, 이를 통해 성장할 수 있는 문화를 조성해야 한다. 그렇게 한다면 팀은 더 나은 방향으로 나아갈 수 있다.

따라서 과거의 경험이 중요하긴 하지만, 그것에만 의존하지 않고 변화와 혁신을 수용해야 한다는 것이다. 이를 통해 팀은 경쟁력을 유지하고 지속 가능한 성장을 이룰 수 있을 것이다. 이러한 접근은 결국 조직 전체의 목표 달성에도 크게 기여할 것이다.

4) 수동적 자세와 칸막이 행정은 버리자

팀장은 수동적인 태도로 일하는 것은 버려야 한다. 팀장은 팀원들에게 일의 목적과 방향성을 제시해 주고, 역할과 책임을 분명히 하며, 일의 진행 상황을 지속적으로 모니터링 해야 한다. 수동적인 태도로 일을 하면, 팀원들은 일의 목표와 방향성을 파악하지 못하고, 역할과 책임을 모호하게 생각하게 된다. 이러한 상황에서는 일의 진행 상황을 파악하기 어려워지며, 팀원들 간의 협력과 의사소통이 원활하지 않을 수 있다. 따라서 팀장은 적극적으로 일을 주도하며, 팀원들에게 충분한 지원을 제공해 주어야 한다.

팀장은 먼저 적극적인 소통을 통해 팀원들과의 관계를 강화해야 한다. 정기적인 회의를 통해 팀원들의 의견을 듣고, 그들의 아이디어와 우려를 진지하게 받아들이는 환경을 조성하는 것이 중요하다. 이러한 소통은 팀원들이 자신의 의견이 존중받고 있다고 느끼게 하여, 더 나아가 팀의 목표에 대한 동기부여로 이어질 수 있다.

정기적인 피드백 시스템도 필수적이다. 팀장은 팀원들과 피드백을 주고받는 문화를 조성하여, 각자의 성장을 지원하고 문제를 조기에 발견할 수 있도록 해야 한다. 피드백은 단순히 비판이 아니라, 개선 사항을 제시하고 격려하는 방식으로 이루어져야 하며, 이를 통해 팀원들은 자신의 발전을 느낄 수 있다.

특히 팀장은 칸막이 행정, 부서 간 떠넘기기 자세는 버려야 한다. 이는 조직의 생산성을 저하시키고 갈등과 혼란을 초래한다. 대신, 팀장은 각 부서의 역할과 책임을 명확히 이해하고, 각자가 맡은 업무의 성과를 추적하고 지원하는 역할을 해야 한다.

따라서 팀장은 수동적 자세와 칸막이 행정을 버리고, 적극적인 소통, 협업 촉진, 정기적인 피드백, 자율성 부여를 통해 팀의 역량을 극대화해야 한다. 이러한 변화는 팀의 성과뿐만 아니라, 팀원 개개인의 성장에도 긍정적인 영향을 미칠 것이다.

5) 나만 열심히 하면 되지! 이제 버리자

'나만 열심히 하면 되지!'라는 생각은 개인의 노력과 책임감을 강조하는 것이다. 이런 태도는 특히 팀에서 자신의 역할을 충실히 수행하고자 하는 의지를 보여줄 수는 있다. 그러나 이 생각은 직원이라는 특정 상황에서만 가능하다고 하겠다. 팀에서 직원들은 업무분장을 통해 각자 특정한 역할과 책임이 주어진다. 이때 개인의 노력이 중요하다. 하지만 직원들은 조직 전체의 목표와 방향에 맞춰 행동해야 한다. 자신의 업무에만 집중하다 보면 팀의 목표와 조화를 이루지 못할 수 있다.

더욱이 직원이 아닌 팀장의 위치에서 이러한 생각은 옳지 않다. 팀장은 나만 열심히 하면 된다는 생각과 사고방식을 버려야 한다. 팀장은 팀의 리더로서, 혼자서 일을 하는 사람이 아니기 때문이다. 팀장으로서 팀원들의 능력을 믿으며 함께 일해야 한다. 팀장이 자신만의 업무를 해결하는 것보다는 팀원들과 협력하여 일을 해결하는 것이 더 효율적이다. 나아가 팀원들의 역량을 높이고 성과를 극대화할 수 있다.

팀장이 열심히 일하는 것은 자신을 위해서나 팀원들에게 모범을 보이는 모습에서도 중요하다. 하지만 팀워크의 힘을 간과해서는 안 된다. 팀원 각자가 자신의 역할을 다하고, 서로 협력할 때 더 큰 성과를 이룰 수 있다. 혼자서 모든 것을 해결하려고 하면 자칫 부담이 커지고, 스트레스가 쌓일 수 있다. 또한, 팀원들이 소외감을 느끼거나 동기 부여가 떨어질 수도 있다. 팀은 다양한 재능과 아이디어를 가진 사람들이 모여 있는 곳이기 때문에, 각자의 의견과 노력을 존중하고 조율하는 것이 중요하다.

그래서 팀장이 혼자서 모든 것을 책임지기보다는 팀원들과의 소통을 통해 함께 문제를 해결하는 것이 더 효과적이다. 정기적인 회의나 피드백 세션을 통해 팀원들의 의견을 듣고, 서로의 강점을 활용하는 방법을 찾아보는 것이 좋겠다. 이런 방식으로 팀워크를 강화하면, 각 팀원이 더 큰 책임감을 가지고 참여하게 되고, 결국 목표 달성에 더 큰 도움이 될 것이다. 팀장을 포함한 모든 팀원이 함께 성장하는 모습을 만드는 것이 진정한 성공이라고 할 수 있다.

6) 법규를 무시하고 대충 일하기를 버리자

팀장은 이러한 습관을 버리고 자신의 업무에 최선을 다해야 한다. 대충대충 하면 일의 질과 결과물이 좋지 않을 뿐만 아니라 팀원들에게도 좋지 않은 영향을 끼친다. 팀장은 예의 바르고 책임감 있는 리더로서 팀원들을 격려하고 동기부여를 해야 하며, 이를 위해 대충대충 하지 않고 성실하게 일하는 모습을 보여주어야 한다.

대충 일하는 습관을 극복하는 몇 가지 방법이 있다. 먼저, 구체적이고 측정 가능한 목표를 설정해 본다. 목표가 명확하면 더 집중할 수 있다. 다음으로, 해야 할 일의 우선순위를 정하고 가장 중요한 일부터 처리하는 것이 좋다. 시간 관리를 위해 일정한 시간 동안 집중해서 일하고 짧은 휴식을 취하는 '포모도로 기법' 같은 방법을 활용하는 것도 좋겠다. 작업 환경을 정리하면 집중력이 향상되므로 불필요한 물건은 치우고 필요한 도구만 두는 것이 좋다.

☛ Pomodoro 기법

포모도로 기법(Pomodoro Technique)은 시간 관리 방법론으로 1980년대 후반 '프란체스코 시릴로'(Francesco Cirillo)가 제안했다. 타이머를 이용해서 25분간 집중해서 일을 한 다음 5분간 휴식하는 방식이다. '포모도로(뽀모도로)'는 이탈리아어로 토마토를 뜻한다. 프란체스코 시릴로가 대학생 시절 토마토 모양으로 생긴 요리용 타이머를 이용해 25분간 집중 후 휴식하는 일처리 방법을 제안한 데서 그 이름이 유래했다.

출처: 위키백과.

특히 팀장은 법규를 준수하는 습관이 필요하다. 공무원은 법에 따라 일을 하고 법을 집행하는 직업이다. 더욱이 팀장이 먼저 법규 준수의 모범을 보이지는 못할지언정 법을 무시하는 행위를 보이는 것은 잘못이다. 공무원이 법규를 준수하지 않는 것은 공무원의 기본 자세에 부합하지 않는다. 또한, 법적 문제가 발생할 수 있다. 팀장은 법규를 준수하고 조직의 목표에 부합하는 일하는 방식을 채택해야 한다. 이것은 조직의 성과와 안정성에 영향을 미칠 것이다. 따라서 팀장은 법규를 무시하는 습관을 버리고, 법규를 준수하며 일하는 방식을 채택해야 한다.

7) 직원 뒷담화하는 나쁜 습관은 버리자

팀장의 직원 뒷담화라는 나쁜 행태는 조직 내에서 협력과 신뢰를 무너뜨린다. 그리고 직원들의 업무 수행에도 영향을 미친다. 팀장이 직원에 대한 뒷담화를 하는 것은 팀워크와 조직 문화에 심각한 부정적인 영향을 미칠 수 있다. 뒷담화는 신뢰를 무너뜨리고, 팀원 간의 갈등을 야기하며, 결국에는 팀의 성과에도 악영향을 미칠 수 있다. 따라서 팀장은 이러한 나쁜 습관을 반드시 버려야 한다.

첫째, 팀장은 소통의 중요성을 인식해야 한다. 팀원들과의 소통은 팀의 결속력을 높이는 데 기여한다. 또한, 팀원들이 자유롭게 자신의 생각을 표현할 수 있는 분위기를 만들어야 한다. 이를 위해서는 팀장이 먼저 솔선수범하여 자신의 의견을 개방적으로 공유하고, 다른 사람의 의견을 경청하는 태도를 보여야 한다.

둘째, 긍정적인 피드백 문화를 조성해야 한다. 팀 내에서 긍정적인 피드백을 주고받는 분위기를 만들어 뒷담화 대신 건설적인 대화를 유도해야 한다. 예를 들어, 팀원이 잘한 점을 칭찬하거나, 어려운 상황에서의 노력을 인정하는 등의 방식을 통해 긍정적인 에너지를 확산시킬 수 있다. 이렇게 하면 직원들은 서로를 지지하고 격려하는 관계를 형성하게 되어 자연스럽게 뒷담화의 필요성을 느끼지 않게 된다.

셋째, 자기 반성을 통해 자신의 행동을 돌아보고, 뒷담화가 팀에 미치는 영향을 인식하는 것이 중요하다. 팀장은 자신의 언행이 팀원들에게 어떤 메시지로 전달되는지를 깊이 고민해야 한다. 뒷담화가 발생할 때, 그것이 왜 문제가 되는지를 이해하고, 이를 개선하기 위한 구체적인 행동 계획을 세워야 한다. 이를 통해 팀장은 자신의 행동을 변화시키고, 더 나아가 팀원들에게 긍정적인 영향을 미칠 수 있다.

마지막으로, 전문적인 교육을 통해 소통 및 팀워크에 대한 이해를 높이는 것도 좋은 방법이다. 외부 전문가를 초청하거나 워크숍을 개최하여 팀원들이 효과적인 의사소통 방법과 갈등 해결 기술을 배우도록 하는 것이 좋겠다. 이러한 교육은 팀 전체의 역량을 강화하고, 팀원들이 서로를 더 잘 이해하도록 돕는 데 기여할 것이다.

따라서 팀장은 뒷담화라는 좋지 않은 습관을 버리고, 보다 건강하고 긍정적인 팀 문화를 조성하는 데 힘써야 한다. 이를 통해 팀은 더욱 단합되고, 생산적이며, 신뢰가 넘치는 조직으로 발전할 수 있다.

팀에는 일을 잘하는 직원도 있고 좀 더딘 직원도 있다. 마음에 쏙 드는 직원이 있는 반면 마음에 차지 않는 직원도 있다. 그렇다고 그 직원을 험담하고 다니면 조직 전체의 분위기를 망치게 된다. 이에 대한 선조들의 지혜 '기단녹장(棄短錄長)'을 살펴보고 교훈으로 되새겨 보자.

☛ 기단녹장(棄短錄長)

기단녹장은 '어떤 인물을 기용하면서, 그의 단점은 버리고 장점을 취하여 등용함'을 의미한다. 세종 때 문신 강희맹(姜希孟, 1424~1483)은 과거시험에서 '세상에 완전한 사람은 없습니다. 그 사람의 결점이나 허물만 지적한다면, 아무리 유능한 사람이라도 벗어날 수 없게 될 것입니다. 따라서 단점을 버리고 장점을 취하는 것(棄短錄長)이 인재를 구하는 원칙인데, 이렇게 하면 탐욕스러운 사람이든 청렴한 사람이든 모두 부릴 수 있습니다. 따라서 적합한 자리에 기용해 인재로 키워야 합니다.'라는 답안으로 장원급제 하였다.

세종은 이를 깊이 새겨 후일 장물 사건으로 파직된 조말생을 중신의 반대에도 재기용하여 파저강 토벌에서 공을 세우게 하였다.

출처: 강희맹(姜希孟)의 사숙제집(私淑齋集) 中

참고문헌

경기도(2022). 『공정한 직장문화 조성을 위한 갑질 사례집』.

국무조정실(2020). 『공공분야 갑질 사례집』.

류정란 · 조영복 · 주규하(2012). 윤리적 리더십이 구성원의 혁신행동과 이직의도에 미치는 영향, 『인적자원관리연구』, 제19권 제1호(2012.3), pp.97－112.

박현모(2008). 『세종처럼』, 서울: 미다스북스.

스튜어트 크레이너, 양영철 번역(2002). 『경영 구루들의 살아있는 아이디어』, 서울: 평림출판사.

정약용 · 다산연구소 편역(2019). 『정선 목민심서』, 서울: 창비출판사.

정약용 · 징게충 편역(2010). 『목민심서』, 서울: 학영사.

존 맥스웰, 박영준 역(2010). 『존 맥스웰 불변의 법칙』, 서울: 비즈니스북스.

행정안전부, 공무원의 의무와 책임

나무위키 https://namu.wiki

위키백과 https://ko.wikipedia.org

EBS(2021). 지식채널e-왕과의 인터뷰

나는 대한민국 공무원 팀장이다

펴낸날 제1판 제1쇄 2025년 2월 10일
지은이 장보웅
펴낸이 임춘환
펴낸곳 도서출판 **대영문화사**
주소 (본사) 사무실: 경기도 고양시 일산서구 주화로 70
우신프라자 307호 (우) 10387)
(본사) 물류센터: 경기도 고양시 일산서구 덕산로
107번길 68-50 (우) 10205)
등록 1975년 12월 26일 제3-16호
전화 (031) 913-3062, (031) 914-3884~5
팩스 (031) 913-3839
홈페이지 http://www.dymbook.co.kr

ISBN 978-89-7644-976-4
값 19,000원